Thüringer Landküche

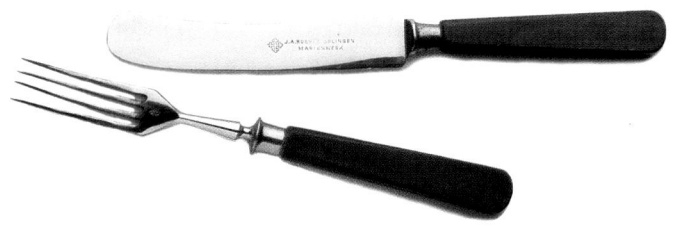

Gudrun Dietze

Thüringer Landküche

Kochen und backen – leicht und schnell

BuchVerlag
für die Frau

Das Foto auf Seite 2 zeigt die Schneewittchentorte, Rezept Seite 78.

ISBN 3-89798-055-X

5. Auflage 2004
© BuchVerlag für die Frau GmbH, Leipzig 2002
Zubereitung der Speisen: Gudrun Dietze
Fotos: Uwe Hämsch, Gostemitz
Foto-Styling, Gesamtgestaltung, Satz:
Lore Jacobi, Jesewitz
Reproduktion: Werbeteam Hämsch
Gesamtherstellung:
Salzland Druck GmbH & Co. KG, Staßfurt
Printed in Germany

Inhalt

Eine Küchenbibliothek
vom Besten
5
Salate fürs Gästebuffet
6
Aus Tiegel & Pfanne
14
Köstliches mit Pilzen
aus den heimischen Wäldern
24
Hefekuchen
36
Backpulverkuchen
54
Torten
68
Gebäck nach
Großmutters Rezepten
80
Alles um die Weihnachtszeit
90
Rezeptverzeichnis
96

Eine Küchenbibliothek vom Besten

Als Gudrun Dietzes erstes Buch 1993 in unserem Verlag erschien, waren Autorin und Verlag optimistisch, dass auch noch Rezepte genug für ein Plätzchenbuch und ein Thüringer Kochbuch vorhanden seien.
Mit diesem Buch nun liegt das siebente Koch- und Backbuch von Gudrun Dietze zur Thüringer Küche vor − fast 600 Rezepte, wenn man ihr liebenswürdiges Minibuch »Thüringen kulinarisch« und einen schönen Rezept-Wandkalender hinzuzählt. Und jedes Rezept ist original. Es kommt aus der Küchenpraxis, wie sie heute noch von vielen Thüringer Frauen im Alltag, vor allem aber zu Festtagen gepflegt wird. Gudrun Dietze hat die Rezepturen überarbeitet, modernisiert und − wo nötig − den so vorzüglichen, beliebten Thüringer Geschmack durch geeignete Zutaten, Gewürze und Zubereitungsweisen betont. Kuchen und Torten sind wieder beliebt wie lange nicht, und schnelle, gelingsichere Rezepte verführen auch junge Leute zum Ausprobieren.
Traditionspflege im besten Sinn also, damit das kulinarische Thüringen traditionsbewusst und modern zugleich blüht und gedeiht.
Allen Freunden der Thüringer Küche viel Freude am Ausprobieren!

Ihr BuchVerlag für die Frau

Salate fürs Gästebuffet

Putensalat mit Ananas

250 g gekochtes oder gebratenes Putenfleisch
1 Scheibe Ananas (aus der Dose)
50 g Schnittkäse
2 EL gekochten Sellerie (aus dem Glas)
1 großer Apfel
1 EL Salatcreme
1 EL Kaffeesahne
1 EL Worcestersoße
2 EL Ananassaft
1 TL Zitronensaft
1/2 TL Currypulver
Salz, Pfeffer

Fleisch, Ananas und Käse in schmale Streifen schneiden, den geraspelten Apfel und den streifig geschnittenen Sellerie zugeben. Salatcreme mit allen anderen Zutaten verquirlen und unterheben. Mit Salz und Pfeffer fein lieblich abschmecken. Evtl. noch etwas Selleriesaft zugeben.

Das ist ein ganz feiner gesunder Salat aus den 70er Jahren.

Bunter Käsesalat

100 g Schnittkäse
50 g Salami
2 kleine Gewürzgurken
100 g Paprika (rot, gelb),
frisch oder aus dem Glas
1-2 EL Öl
2 EL Gurkenbrühe
1/2 TL Zucker
20 g Zwiebel
1 EL gehackte Petersilie

Alle Zutaten in schmale Streifen schneiden. Öl, Gurkenbrühe, Zucker, Salz und Pfeffer mit ganz klein gewürfelter Zwiebel verquirlen und untermischen. Mit gehackter Petersilie bestreuen.

Ein sehr schöner Salat.

Endiviensalat

1 Staude Endiviensalat
1 EL Öl
Salz, Paprika, Essig
1 TL kleine Zwiebelwürfel
50 g Roquefortkäse

Äußere Blätter und harte Spitzen von der Salatstaude entfernen, waschen und in feine Streifen schneiden. Salz, Paprika und ganz fein geschnittene Zwiebel mit wenig Essig und dem Öl verquirlen und unter den Salat mischen. Geriebenen Roquefortkäse darüber streuen.

Rotkrautsalat – »gepochtes Kraut«

250 g Rotkrautraspeln
1/4 kleine Zwiebel
1 großer Apfel
je 2 TL Zitronensaft,
Salatcreme und Öl
1/4 TL Salz
1 TL Zucker
Pfeffer aus der Mühle

Rotkraut auf grober Reibe raspeln und etwas mürbe stampfen (pochen) oder kneten. Zwiebel ganz klein würfeln, Apfel darüber raspeln. Zitronensaft, Salz, Zucker und Pfeffer mit der Salatcreme verrühren und mit dem Öl unter das Rotkraut mischen.

Ein altes Rezept, das auch mit Weißkraut zubereitet werden kann.

Rühreisalat

3 Eier
Salz, Pfeffer
1 TL Speisestärke
3 TL Milch
2 EL Schnittlauch
1 EL Butter
50 g Schnittkäse
50 g Kochsalami
½ - 1 Rollmops
1 EL Öl

Eier, Salz, Pfeffer, Speisestärke, Milch und Schnittlauchröllchen verquirlen und in eine Pfanne mit heißer Butter geben. Das Ei stocken lassen, bis es fest ist. Auf ein Brett geben und erkaltet in Streifen schneiden. Käse und Kochsalami ebenfalls in Streifen schneiden und den Rollmops kleingewürfelt dazugeben. Alles vermischen, Öl unterziehen und durchziehen lassen.

Ein pikanter Salat aus früherer Zeit, der auch schön aussieht

Katerfrühstück

4-6 Deli-Heringe oder Rollmöpse
4 Gewürzgurken
1 kleine Zwiebel
1 großer Apfel
100 g Schinkenwurst
1 EL Salatcreme
1 EL saure Sahne
1 EL Worcestersoße
1 EL Öl
Salz, Pfeffer und Zucker
Essig

Alle Zutaten in kleine Würfel schneiden. Salatcreme, saure Sahne und Worcestersoße verquirlen, mit dem Salat vermischen. Öl unterziehen und mit wenig Salz, Pfeffer, Zucker und evtl. Essig abschmecken.

Dazu schmecken frische oder knusprig aufgebackene Semmeln.

Im Foto (von links nach rechts):
Bunter Käsesalat, Bunter Wurstsalat,
Rühreisalat

Bunter Wurstsalat

125 g Schinkenwurst
50 g Schnittkäse
50 g Paprikaschote (bunt)
1 EL Schnittlauch oder 20 g Porree
frische gehackte Dillspitzen und
1/2 TL Dillkräuter (Würzmischung)
1 EL Obstessig
1 EL Öl

Wurst, Paprika und Käse in schmale Streifen schneiden, Porree in ganz feine Ringe oder den Schnittlauch in Röllchen. Obstessig mit Öl und Dillkräutern verquirlen und unter den Salat mischen.

Tipp: Dillkräuter gibt es als fertige Würzmischung von verschiedenen Anbietern im Supermarkt zu kaufen.

Pikanter Würstelsalat

4 Wiener (200 g)
50 g Zwiebelwürfel
1 kleine Gewürzgurke
2 EL Tomatenketchup
1/2 TL Senf
1 EL Gurkenbrühe, 1 EL Öl

Wiener in Scheiben schneiden. Zwiebel und Gurke kleinwürflig darunter mischen. Senf, Ketchup und Gurkenbrühe verquirlt unterrühren und das Öl unterziehen.

Radieschensalat

1 Bund Radieschen
1/4 TL Salz
1/2 TL Zucker
2 TL Zitronensaft
1 TL Öl
2 EL Schnittlauchröllchen
1 hartgekochtes Ei
Salatblätter

Radieschen in dünne Scheiben schneiden. Salz, Zucker, Zitronensaft und Öl verrühren und mit den Radieschen vermischen. Kleine Schnittlauchröllchen unterheben und gewürfeltes Ei darüber verteilen. Auf Salatblättern oder auch als kleine Berge zwischen Tomatenachteln anrichten.

Chicorèe-Salat mit Honig

2 Stauden Chicorèe
1-2 TL Honig
3 TL Schlagsahne
2 TL Zitronensaft
1 Löffelspitze Salz
1 Apfel
3-4 Walnüsse

Chicorèe vom bitteren Strunk befreien und in Streifen schneiden. Honig, Salz, Sahne und Zitronensaft verrühren und mit dem Chicorèe vermischen. Den geschälten Apfel grob raspeln und untermischen. Walnusskerne in grobe Stücke schneiden und darüber streuen.

Ein ganz feiner, lieblicher Salat.

Herings-Kartoffelsalat

4 Heringsfilets
500 g Kartoffeln
1 Apfel
2-3 Gewürzgurken
1/2 Zwiebel
1 TL Zucker
Pfeffer aus der Mühle
1 EL Essig
1 EL Gurkenbrühe
1/2 TL Senf
50 g Bauchspeck
1 EL Öl

Heringsfilets aus der Packung nehmen und 1 Stunde wässern. Gepellte Kartoffeln in Scheiben schneiden, mit Apfel- und Gurkenwürfeln mischen. Ganz kleine Zwiebelwürfel, Zucker und Pfeffer mit Essig, Senf und Gurkenbrühe verquirlen und unter den Salat heben. Heringsstreifen unterziehen. Bauchspeckwürfel im heißen Öl knusprig braten und über den Salat verteilen.

Dazu gibt es traditionell Bockwürste.

Schneller Partysalat

1 kleiner Apfel
3 kleine Gewürzgurken
1/4 kleine Zwiebel
3 Becher Fleischsalat
(möglichst aus Plauen mit Kräutern)
4 gekochte Eier
Salz, Zucker, Pfeffer

Apfel und Gurken in kleine Würfel schneiden. Zwiebel fein hacken und unter den Fleischsalat mischen. Eierwürfel unterziehen. Evtl. mit wenig Salz, Zucker und Pfeffer fein lieblich abschmecken

Ein wunderbarer frischer und schnell zubereiteter Salat.

Lachseier

6 hartgekochte Eier
1 EL Butter
1 EL Schmand
2 EL feine Schnittlauchröllchen
Räucherlachs oder
2 kleine Scheiben Lachsersatz
Kapern

Eier halbieren, das Gelbe zerdrücken, mit Schmand und der weichen Butter verrühren. Schnittlauchröllchen unterrühren und die Eihälften mit der Masse füllen. Lachsstreifen zu Röllchen drehen, aufsetzen und in die Mitte eine Kaper setzen.

Lachseier kann man als Garnitur fürs Salatbuffet nutzen oder zusammen mit Remouladensauce anrichten.

Kräuterbällchen
(ca. 15-20 Stück)

3 EL frische Kräuter
(Dill, Petersilie, Kerbel)
1 kleine Tomate
1 kleines Stück Möhre (ca. 30 g)
200 g Kräuterfrischkäse
2 EL kleingehackte Walnusskerne

Die Kräuter waschen und sehr gut abtrocknen, fein hacken. Tomate vom Kerngehäuse befreien und in ganz feine Würfel schneiden, geraspelte Möhre zugeben. Alles mit dem Frischkäse vermischen. Walnussgroße Kugeln formen und in gehackten Walnusskernen wälzen. Auf Salatblättern anrichten.

Aus Tiegel & Pfanne

Kräuterrolle

500 g Gehacktes (davon 125 g Rind)
1 Knoblauchzehe
Salz, Pfeffer
1 EL Öl
1 EL Schmand, 1 Ei
1 EL Semmelmehl
$1/2$ rote Paprikaschote (100 g)
1 Stock Basilikum
2 dünne Scheiben Bauchspeck

Gehacktes mit zerquetschtem Knoblauch, Salz, Pfeffer, Öl, Schmand, Ei und Semmelmehl verkneten. Paprika in Streifen, dann in Würfel schneiden. Die gesamten Blätter des Basilikumstockes grob zerschneiden und mit den Paprikawürfeln vermischen, zum Gehackten geben.
Eine Rolle von ca. 20 cm formen und auf die Bauchspeckscheiben in einen flachen Pfannendeckel legen. Röhre stark vorheizen und bei 160-175 °C 45-50 Minuten backen. Erkaltet in Scheiben schneiden.

Schmeckt zu Brot oder Kartoffelsalat.

Tipp: Die Scheiben können in Bratfett als Mittagessen wieder erwärmt werden.

Im Foto: Kräuterrolle und Broccolirolle (rechts)

Broccolirolle

150 g Broccoliröschen
60 g Schnittkäse
30 g roher Schinken
Salz, Zucker
300 g Schweinelende
Salz, Pfeffer
2-3 EL Öl

Für die Füllung den kleingeschnittenen Broccoli, Käse- und Schinkenwürfel zusammen in einem Multiboy oder Mixer zerkleinern. Mit wenig Salz und Zucker fein lieblich abschmecken.

Die kleine Schweinelende mit Salz und Pfeffer sparsam würzen, in der Mitte längs etwas einschneiden und etwas klopfen, so dass die grünliche Füllung hineinpasst. Zusammenrollen, mit Heftfaden umwickeln und außen noch salzen und pfeffern. In heißem Öl ringsum braun anbraten. Wenig Wasser zugießen und bei 175 °C zugedeckt ca. 1 Stunde weich dünsten. Erkaltet in Scheiben schneiden und auf einer Platte anrichten. Zu Brot oder Kartoffelsalat reichen.

Schinkenröllchen

250 g Gehacktes
Salz, Pfeffer, Kümmel
8-10 runde Scheiben Kochschinken
2 TL Butter
50 g Zwiebelwürfel
1 Glas Champignons
(170 g Abtropfgewicht)
je 100 ml Schlagsahne und saure Sahne
1 TL Paprikapulver
2 EL Worcestersoße
1 Flasche Zigeunersoße (= 300 ml)

Gehacktes mit Salz, Pfeffer und Kümmel würzen und auf die Schinkenscheiben streichen, zusammenrollen und mit dem Umschlag nach oben dicht nebeneinander in eine gefettete Pfanne legen. Die in Butter angerösteten Zwiebeln mit den gut abgetropften Champignons darüber verteilen. Sahne mit Paprika, Worcestersoße und Zigeunersoße verquirlen und über die Röllchen gießen. 30-40 Minuten bei 180 °C offen in die Röhre stellen.

Ein sehr bekanntes, beliebtes Gericht. Dazu passen Backblech-Kartoffeln.

Backblech-Kartoffeln

1 EL Öl
1 Knoblauchzehe
1 kg neue Kartoffeln
1/2 TL Salz
1 TL Kümmel

Backblech einölen und mit einer Knoblauchzehe einreiben. Die nicht zu großen Kartoffeln gründlich waschen, einmal längs durchschneiden und mit der Schnittfläche nach unten auf das Backblech legen. Mit Öl bepinseln, Salz und Kümmel darüber streuen. Bei 200-220 °C ca. 45 Minuten in der Röhre backen.

Krautrippen

750 g Rippchen (keine Fleischrippen)
je 1 TL Salz und Kümmel
Pfeffer aus der Mühle
2 EL Öl
100 g große Zwiebelwürfel
1 große Knoblauchzehe
500 g Sauerkraut
1/2 TL Salz, 1/2 TL Zucker
1 Lorbeerblatt
2-3 Pimentkörner
1 mittelgroße Möhre
1 Tasse Brühe (1 TL Pulver)

Rippchen in kleine Stücke teilen, mit Salz und Pfeffer würzen und im heißen Öl beidseitig braun anbraten. Kümmel, Zwiebel- und Knoblauchwürfel zugeben und noch etwas braten. Sauerkraut, Salz, Zucker, Piment, Lorbeer und Möhrenscheiben darüber verteilen und mit der Brühe angießen. Bei gelinder Hitze in ca. 1 Stunde zugedeckt weichschmoren.

Ein rustikales, bekanntes Partygericht. Wird auch mit Haxen zubereitet. Dazu Brot oder Party-Püree.

Party-Püree

400 g Kartoffeln
1/2 TL Salz
1/8 l Milch
1 TL Butter
Muskat
1 EL Semmelmehl
20 g Butterflöckchen

Kartoffeln im Dämpfeinsatz ganz weich dämpfen. Kartoffeln herausnehmen, Milch, Butter, Salz und geriebenen Muskat unterschlagen. Das Püree in eine gefettete Auflaufform geben und mit Semmelmehl bestreuen. Butterflöckchen aufsetzen und in ca. 25 Minuten bei 180-200 °C goldgelb überbacken.

Tipp: *Statt Semmelmehl kann man auch Scheibletten auf das Püree legen und solange überbacken, bis der Käse schmilzt.*

Bierkutscherpfanne

400 g Schnitzelfleisch, 2 EL Öl
200 g Zwiebelwürfel
1-2 Gläser Champignons
(je 170 g Abtropfgewicht)
1 leicht gehäufter TL Salz
Pfeffer aus der Mühle
1/2 TL Kümmel, 2 TL Majoran
1 TL Paprika, 2 Tassen Bier
2 Tassen Brühe (2 TL Pulver)
200 g rote, grüne und gelbe Paprika
1 Knoblauchzehe

Schnitzelfleisch in schmale Streifen schneiden und im heißen Öl ringsum scharf anbraten. Zwiebelwürfel und die abgetropften Pilze zugeben, alles weiterbraten. Mit Salz, Pfeffer, Kümmel, Majoran und Paprika würzen. Abwechselnd mit wenig Bier und Brühe ablöschen und immer wieder einbraten lassen (ca. 20 Minuten). Nun Knoblauch und Paprikastreifen zugeben und kurz mit anschmoren. Restliche Brühe zugeben und alles in 15-20 Minuten bei gemäßigter Hitze weichschmoren, bis die Flüssigkeit fast verdampft ist. – Mit Butternudeln, Kartoffelsalat oder Brot ergänzen.

Hähnchenpfanne

50 g Zwiebelwürfel
1 TL Butter
1/8 l Gemüse- oder Hühnerbrühe
200 ml Schlagsahne
100 ml saure Sahne (10 %)
1 TL Currypulver
1 TL Paprikapulver
reichlich Pfeffer aus der Mühle
2 EL Trockenpilze
1 Packung Hähnchenbrustfilet
(TK 4 Stück)

Zwiebelwürfel in Butter leicht anrösten und mit der Brühe ablöschen. Mit Sahne und Gewürzen verquirlen. Die vorher eingeweichten Pilze mitsamt der knappen Flüssigkeit zugeben.
Gefrostete Filets nebeneinander in eine passende Pfanne legen. Die Soße darüber gießen und zugedeckt 45 Minuten bei 200 °C in der Röhre garen. Aufdecken und noch 15-20 Minuten bei 150-175 °C übergrillen. Die Filets in kleinere Stücke teilen und auf einer Platte mit der Soße und den Pilzen anrichten.
Dazu schmeckt Weißbrot oder Kartoffelsalat.

Rotweinbrätel

8 Rostbrätel à 150 g (Kammscheiben)
2 TL Salz, Pfeffer
2 EL Senf
50 g Margarine
300 g Zwiebelwürfel
1-2 Gläser Champignons
200 g Schmand
1 Tasse Rotwein
1 TL getrocknetes Basilikum

Die Rostbrätel in zwei Stücke schneiden, salzen, pfeffern und mit Senf bestreichen. In heißer Margarine beidseitig anbraten. Aus der Pfanne nehmen.
Zwiebelwürfel und Champignons im Bratfett braten, bis die Zwiebel glasig ist. Schmand, Rotwein und Basilikum verquirlen, zugießen, etwas einbraten lassen und 1/4 l Wasser zugießen. Mit Salz und Pfeffer abschmecken und die kleinen Brätel wieder in die Pfanne legen (evtl. auch übereinander). 20-30 Minuten zugedeckt bei 175 °C garen.

Sehr feines Gericht, das schon vorbereitet und dann in der Röhre erwärmt werden kann. Mit Brot oder Kartoffelsalat servieren.

Zwiebelfleisch

200 g Zwiebelringe, 1 TL Öl
3 Rostbrätel (ca. 400 g Kammfleisch)
1 EL Öl, 1 TL Butter
1/4 l Gemüsebrühe (1 TL Pulver)
1 TL Senf, 50 g Schmand
1/2 TL Thymian, 1 Tasse Bier
Pfeffer aus der Mühle, 1/2 TL Salz

Die Zwiebelringe in wenig Öl zugedeckt bei gelinder Hitze weichdünsten, aufdecken und goldgelb braten.
Die kleinen Kammscheiben jeweils in drei Stücke teilen und im heißen Butter-Öl-Gemisch beidseitig braun braten. Mit Salz und Pfeffer würzen. Mit wenig Brühe ablöschen. Den mit Senf verrührten Schmand einrühren. Immer wieder Brühe zugießen und einbraten lassen, bis ein brauner Bratfond entstanden ist. Nun Thymian, Bier, restliche Brühe und die Zwiebeln darüber geben. In der Röhre aufgedeckt in 30-40 Minuten bei 150-175 °C weichschmoren. Mit der knappen Soße zu Kartoffelsalat reichen.

Tipp: *In Butter gebratene Pilze unter die Soße gemischt verfeinern das würzige Partygericht.*

Kräuterfleisch

500-600 g Rind aus der Keule
1 gehäufter TL Salz
Pfeffer aus der Mühle
1 Knoblauchzehe, 1 EL Mehl
1 EL Butter, 1 EL Öl
1 Tasse heißes Wasser
75 ml Schmand, 1 Lorbeerblatt
1/2 TL frisches oder getrocknetes Basilikum
1 Tasse Rotwein
1 Tasse Brühe (1 TL Pulver)

Fleisch in kleine fingerdicke Scheiben schneiden (6-8 Stück). Mit Salz, Pfeffer und gehacktem Knoblauch einreiben. In Mehl wenden und im heißen Öl-Butter-Gemisch bei nicht zu starker Hitze braun anbraten. Aus der Pfanne nehmen. Bratsatz mit einer Tasse heißem Wasser und dann mit Schmand ablöschen und loskochen.
Zerrissenes Lorbeerblatt, Basilikum, Rotwein und Brühe zugeben. Die Fleischscheiben einlegen und zugedeckt bei 150-175 °C in ca. 60 Minuten weichdünsten. Bei abgestellter Röhre noch etwas überbräunen.
Dazu Röstkartoffeln und Salat.

Putenschnitzel mit Steinpilzfüllung

1 EL Trockenpilze
4 dünne Putenschnitzel
Salz, Pfeffer
1 EL Mehl
1-2 Eier
1 EL Butter
4 EL Öl
1 EL gehackte Petersilie

Trockenpilze über Nacht einweichen. Schnitzel ganz dünn und länglich klopfen, mit Salz und Pfeffer bestreuen und die etwas klein geschnittenen trockengetupften Pilze auf eine Schnitzelhälfte geben und die andere Hälfte darüber klappen. Leicht in Mehl wenden und durch verschlagenes Ei ziehen. Im heißen Öl-Butter-Gemisch beidseitig 2-3 Minuten braten. Gehackte Petersilie darüber streuen. Dazu Kartoffelsalat.

Lendchenpfanne

500-600 g Schweinelende (auch Schnitzelfleisch oder Schweineschulter)
Salz, Pfeffer, 1-2 EL Öl
1 Glas Spargel (Spitzen oder Stücke)
1 Glas Champignons (besser noch Waldpilze), 200 ml Schlagsahne
200 g weicher Kräuterschmelzkäse
100 ml Milch
1 gehäufter TL Gemüsebrühpulver

Fleisch in Scheiben schneiden, leicht klopfen, salzen, pfeffern und im heißen Öl beidseitig anbraten. Die kleinen Fleischscheiben nebeneinander (größere Portionen dachziegelartig übereinander) in eine passende Auflaufform legen. Spargel und die in wenig Butter gebratenen Pilze darüber verteilen. Sahne mit Käse verquirlen, die Milch mit Brühpulver zugeben. Gut verrühren und mit Salz und Pfeffer mild abschmecken. Alles über der Auflaufform verteilen und in 50-60 Minuten bei 150-175 °C überbacken. In der Form servieren.

Tipp: Gut abgetropfter Spargel und Pilze können auch in größeren Mengen über das Fleisch gegeben werden.

Köstliches mit Pilzen aus den heimischen Wäldern

*Pilze, Pilze, jeder will'se,
such'se dir im Aumschen Wald,
der ist tausend Jahre alt.*

So steht es im Heimatbuch der zwischen Gera und Schleiz gelegenen Stadt Auma geschrieben.

Pilze können den Speiseplan das ganze Jahr über unwahrscheinlich bereichern. Wenn die Pilze geputzt und blanchiert (in wenig siedendem Wasser kurz gebrüht) werden, lassen sie sich kühl aufbewahrt auch am nächsten Tag weiter verarbeiten. Oder blanchiert in Dosen oder Gefrierbeutel einfrieren für den Winter.

Feine Jägersuppe

150 g Zwiebelwürfel
2 EL Butter
500-750 g geputzte Waldpilze
1 TL Salz, Pfeffer aus der Mühle
2 EL Mehl
¾ l Brühe (3 TL Deli-Pulver)
75 ml Schlagsahne
3-4 EL gehackte Petersilie
1 Semmelkopf
1 TL Butter

Zwiebelwürfel in heißer Butter glasig werden lassen, geschnittene Pilze zugeben und braten, bis die Flüssigkeit weg ist. Salzen, pfeffern. Mehl darüber stäuben und etwas anrösten. Brühe zugießen und die Sahne einrühren. Grob gehackte Petersilie unterrühren. Kleine Semmelwürfel in wenig Butter knusprig braten und am Tisch über der Suppe verteilen.

Bei großem Hunger gibt es als Nachtisch eine große Portion Pudding oder Joghurt mit Obst.

Schwammbraten

500-600 g geputzte Pilze, Salz, Pfeffer
50 g Zwiebelwürfel
1 EL Butter
200 g Gehacktes
2 Eier
2 Semmelköpfe (eingeweicht)
2 EL Petersilie
1 TL Kümmel
Salz, Pfeffer

Geschnittene Pilze mit Zwiebelwürfeln in Butter braten, mit Salz und Pfeffer würzen. Gehacktes mit Eiern, ausgedrückter Semmel, Gewürzen und gehackter Petersilie vermischen und die abgekühlten Pilze unterkneten. Alles in eine gefettete Pfanne oder Auflaufform geben und in der Röhre 30-35 Minuten bei 180-200 °C überbacken.
Dazu Kartoffelsalat oder Butterbrot.

Pilz-Gemüsetopf

500-600 g geputzte Waldpilze
1 große Zwiebel
1 EL Butter
250 g Gehacktes
Salz, Pfeffer
400 g Kartoffelwürfel
200 g Möhrenscheiben
400 g Porreestreifen
3/4 l Brühe (2 TL Pulver)
3 dünne Scheiben
magerer Räucherbauch
Petersilie

Geschnittene Waldpilze mit Zwiebelwürfeln in wenig Butter braten, bis die Flüssigkeit eingekocht ist. Gehacktes darüber zupfen und unter Rühren weiter braten. Sparsam mit Salz und Pfeffer würzen. Inzwischen rohe Kartoffeln in Würfel, Möhren in Scheiben und Porree in Streifen schneiden. Alles mit dem Pilzgemisch vermengen und in einen breiten Topf geben. Brühe darüber gießen und die geräucherten Speckscheiben darauf legen. Zugedeckt bei geringer Wärmezufuhr in 25-30 Minuten langsam weich garen. Mit gehackter Petersilie bestreut servieren.

Pilzgeschnetzeltes

400 g Schnitzelfleisch
2 EL Öl
1/2 TL Salz, Pfeffer aus der Mühle
1 TL Paprika
1 EL Mehl
1/2 l Brühe (2 TL Pulver)
750 g geschnittene, geputzte Waldpilze
150 g Zwiebelwürfel
1 EL Butter
Salz, Pfeffer
100 ml Schmand

Schnitzel in Streifen schneiden und im heißen Öl ringsum braun braten. Salz, Pfeffer, Paprika und Mehl darüber stäuben und etwas bräunen. Mit wenig Brühe loskochen und die restliche Brühe zugeben. Zugedeckt bei wenig Hitze in ca. 30 Minuten weich kochen.
Pilze mit Zwiebelwürfeln in Butter braten, leicht salzen und pfeffern. Den Schmand unterrühren und etwas einschmoren. Mit dem Fleisch vermischen und evtl. noch etwas heißes Wasser zugeben und noch einmal aufkochen lassen.
Dazu Klöße aller Art.

Pilzgulasch

1 kg Waldpilze
1-2 EL Butter, 50 g Speck
100 g Zwiebelwürfel
1/2 l Milch (3,5 %)
1 TL Salz, Pfeffer aus der Mühle
1 TL Brühpulver
1/2 TL Kümmel
Petersilie

Die gewaschenen und geschnittenen Pilze mit 1/2 Tasse Wasser in einem großen Topf auf der Herdplatte zusammenfallen lassen. In einem breiten Tiegel die Butter mit kleinen Speckwürfeln und ganz klein geschnittener Zwiebel erhitzen und die Pilze mit etwas Flüssigkeit in den Tiegel geben. Alles braten, bis die Pilze glänzen. Nun die Milch, Salz, Pfeffer, Brühpulver und Kümmel zugeben und alles so weit einköcheln lassen, bis eine sämige Soße entsteht. Mit Salz und Pfeffer abschmecken. Nach Belieben mit gehackter Petersilie bestreuen.

Das ist ein klassisches Pilzgericht aus Großmutters Zeiten, das es in der Pilzzeit sehr oft als Abendbrot mit frischem Bauernbrot gab.

Pilzröllchen in Rotweinsoße

300-400 g geputzte Waldpilze oder
200 g Champignons
1 große Zwiebel, 2 TL Butter
4-6 Scheiben Kochschinken
2 TL Tomatenmark
2-3 Scheiben weicher Schnittkäse
1 TL Butter, 1 EL Öl
1 gehäufter TL Mehl
1 Tasse Gemüsebrühe, 2 EL Schmand
1/2 Tasse Rotwein

Geschnittene Waldpilze mit kleinen Zwiebelwürfeln in heißer Butter braten, bis die Flüssigkeit weg ist. Schinkenscheiben mit Tomatenmark dünn bestreichen und halbierte Käsescheiben darüber legen. Die größere Hälfte der Pilzmasse darauf geben und zusammenrollen. Mit Heftgarn umwickeln und im heißen Öl-Butter-Gemisch anbraten. Aus der Pfanne nehmen.
Mehl ins gebräunte Bratfett rühren, Brühe und Schmand einrühren. Rotwein zugeben und ca. 5 Minuten einköcheln lassen. Die Röllchen und die restlichen Pilze zugeben, in der Soße aufkochen lassen. Zu Kartoffelpüree und grünem Salat eine schnelle, würzig-interessante Mahlzeit.

Katzegeschrei

2 Rostbrätel (300 g)
1 EL Öl
50 g Zwiebelwürfel
1 EL getrocknete Pilze
3-4 EL Milch
5-6 Eier
Salz, Pfeffer

Rostbrätel (Kammscheiben) in Streifen schneiden und im heißen Öl Farbe nehmen lassen. Zwiebelwürfel zugeben und mitbraten, bis sie glasig sind. Die über Nacht eingeweichten Trockenpilze etwas zerschneiden und mit der Milch, Eiern, Salz und Pfeffer verquirlen und über das Fleisch gießen. Kurz stocken lassen, zerreißen und unter Rühren etwas anrösten.

Dazu frisches Brot und Preiselbeerkompott oder einen frischen Salat.

Pilzsauerbraten (Oberkoskauer Art)

100 g Zwiebelwürfel, 30 g Butter
1,5 kg geputzte Waldpilze, 2 TL Salz
reichlich Pfeffer aus der Mühle
1 Lorbeerblatt, 4 Wacholderbeeren
4 Pimentkörner
200 ml Schlagsahne
1 EL gemahlener Soßenkuchen
2-3 Tassen Wasser
1-2 EL Essig, 1 TL Zucker

Butter in einem breiten Topf erhitzen. Zwiebelwürfel und geschnittene Pilze zugeben und braten, bis die Flüssigkeit weg ist und die Pilze glänzen. Zwischendurch Salz, Pfeffer und die anderen Gewürze zugeben. Die Sahne einrühren und kurz etwas einschmoren. Soßenkuchen mit etwas Wasser verquirlt einrühren. Restliches Wasser, Essig und Zucker zugeben und alles gut durchkochen. Wie Sauerbraten abschmecken. Dazu passen Klöße aller Art.

Tipp: *Blanchiert man die Pilze vorher und gibt sie ohne Flüssigkeit ins heiße Fett, geht das Kochen noch viel schneller.*

Dazu schmecken auch die »falschen, schnellen«

Thüringer Klöße

(für 5-6 Klöße)

500 g dicke Kartoffelscheiben
3/8 l Wasser
100 g Grieß
75 g Kartoffelstärke
1 gestrichener TL Salz

Von Kartoffelscheiben und Wasser einen Brei kochen. Kartoffelstärke, Grieß und Salz in einer Schüssel vermischen, den kochenden Kartoffelbrei darüber geben und alles zu einer kompakten Masse verstampfen. Klöße formen, ins Kochwasser geben, aufkochen lassen und noch ca. 25 Minuten ziehen lassen, bis die Klöße an die Oberfläche steigen.

So werden die Thüringer Männer, die hartnäckig auf „echten" Thüringer Klößen bestehen, auch mal „hinters Licht geführt". Und wenn sie vom Frühschoppen kommen, glauben sie's sogar.

Schichtgericht

4 Scheiben Rind aus der Keule
(400-500 g), Salz, Pfeffer
2 EL Öl
2 TL Senf
1 Tasse Brühe (1 TL Pulver)
100 g Zwiebelwürfel
300-400 g geputzte Waldpilze
2 TL Butter
Salz, Pfeffer
50 ml Schlagsahne

Fleischscheiben (nicht zu dünn) leicht klopfen, mit Salz und Pfeffer würzen und im heißen Öl beidseitig anbraten. Mit Senf bestreichen und die Brühe an der Seite angießen. Zugedeckt bei 175 °C 1 Stunde weich garen.
Inzwischen die Zwiebelwürfel mit Pilzen in Butter braten und über dem Fleisch verteilen. Sparsam salzen und pfeffern. Schlagsahne darüber streichen und aufgedeckt in der Röhre in ca. 15 Minuten fertig braten, bis alles Farbe hat. Dazu gibt es Kartoffelpüree oder Röstkartoffeln.

Tipp: Bei größeren Mengen die Fleischscheiben und Pilze übereinander schichten.

Fasan nach Försterinnenart

1 Fasan (ca. 800 g)
1 EL Öl
2 TL Salz, Pfeffer aus der Mühle
30 g Bauchspeck, nicht zu mager
1 EL Butter, 1 El Margarine
75 g Zwiebelwürfel
100 g Schmand
1 kleines Lorbeerblatt
3 Pimentkörner
3 Wacholderbeeren
1/2 l Hühnerbrühe (2 TL Pulver)
1-2 EL getrocknete Steinpilze
1 Tasse Rotwein
2 TL Speisestärke

Fasan längs des Rückgrades teilen und gründlich säubern, beidseitig salzen und pfeffern und mit Öl einpinseln. Im heißen Speck-Butter-Margarine-Gemisch braun braten, dabei die Pfanne öfter rütteln, damit die Haut nicht anbäckt.
Aus der Pfanne nehmen, die Zwiebelwürfel nur goldgelb anschwitzen und den Schmand einrühren. Etwas einbraten lassen. Die Gewürze, Brühe und die vorher in wenig Wasser eingeweichten Pilze mit Einweichwasser zugeben. Die Fasanenhälften mit der Haut nach oben in die

Pfanne legen und zugedeckt 50 Minuten bei 180 °C garen. Mit Soßenfett beschöpfen, Rotwein zugeben und aufgedeckt bei abgestellter Röhre noch 30 Minuten nachgaren. Erkaltet die fleischige Brust in dicke Scheiben schneiden, in der Soße erwärmen, auf eine Platte legen und die Soße mit Speisestärke binden.

Dazu Klöße, Rotkraut und Preiselbeerkompott. So wird aus dem Fasan vom Supermarkt ein feiner Braten.

Pilzeier

250 g geputzte Waldpilze
1/2 EL Butter
Salz, Pfeffer
2-3 Eier
50 ml Schlagsahne
50 g geriebener Käse

Geschnittene Pilze in Butter braten, bis die Flüssigkeit weg ist. Mit Salz und Pfeffer würzen. Spiegeleier darüber schlagen. Sahne darüber gießen und geriebenen Käse darüber streuen. Alles 15 Minuten im Ofen bei 175 °C backen.
Dazu frisches Bauernbrot.

Zwiebelpilze

300 g Zwiebeln
1 EL Öl
1 TL Paprika
500-600 g geputzte Waldpilze
1 TL Salz, Pfeffer
1-2 EL Butter

Zwiebelringe im heißen Öl zugedeckt langsam weich dünsten, aufdecken und goldgelb rösten. Zwischendurch Paprikapulver zugeben. Pilze in heißer Butter braten, bis die Flüssikeit eingekocht ist. Mit Salz und Pfeffer würzen und mit den Zwiebelringen mischen.
Zu Brot oder Kartoffelpüree.

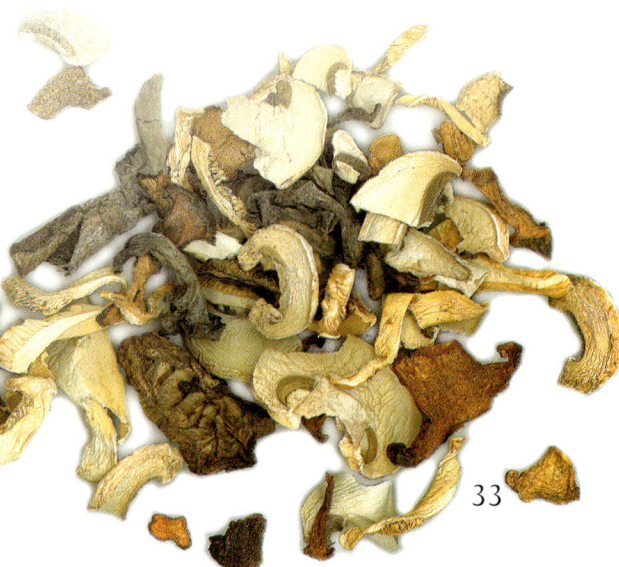

Makkaroni unter der Haube

200-250 g Makkaroni, 500 g geputzte Waldpilze, 100 g Zwiebelwürfel
1 EL Butter, 250-300 g Gehacktes
Salz, Pfeffer, Kümmel, 1 EL Butter
1 gehäufter EL Mehl, 200 ml Milch
2 Eier (trennen), Salz, Pfeffer, Muskat

Makkaroni nach Vorschrift kochen. Die geschnittenen Pilze mit Zwiebelwürfeln in heißer Butter braten, bis die Flüssigkeit weg ist. Gehacktes im Tiegel unter Rühren krümmelig braten und mit Pilzen und Makkaroni vermischen. Alles mit Salz, Pfeffer und Kümmel abschmecken. In eine gebutterte Auflaufform geben.

Mehl in heiße Butter rühren, nach und nach die kalte Milch zugießen und alles zu einer dicklichen Soße verkochen. Vom Feuer nehmen und die Eigelb flott unterschlagen. Mit Salz, Pfeffer und Muskat fein lieblich abschmecken, geschlagenes Eiweiß unterheben und alles über den Auflauf geben. In der Röhre 15-20 Minuten bei ca. 180 °C überbacken, bis sich die Decke ein wenig verfärbt.

Mit Tomatensalat ein Schnellgericht, das auch ohne Pilze schmeckt.

Broccoli-Nudelpfanne

600-700 g Broccoliröschen
100 g Schinkenspeck
100 g Zwiebelwürfel
600-700 g geputzte Waldpilze
1 EL Butter
Salz, Pfeffer aus der Mühle
250 g Spirelli-Nudeln
50 g Reibekäse

Broccoli in $3/4$ l Wasser mit 1 TL Salz in 10 Minuten weich kochen. Schinkenspeckwürfel und Zwiebelwürfel mit den geschnittenen Pilzen in heißer Butter braten, bis die Flüssigkeit weg ist. Sparsam salzen und pfeffern. Die nach Vorschrift gekochten Nudeln mit dem abgetropften Broccoli und den Pilzen vermischen. Alles in eine gebutterte Auflaufform geben und den Reibekäse darüber verteilen. Bei 150 °C in 15 Minuten überbacken, bis der Käse etwas Farbe hat.

Die Broccoli-Nudelpfanne sieht nicht nur gut aus, sie ist schnell zubereitet und schmeckt sehr lecker.

Hefekuchen

Schneller Hefeteig für 2 Kuchen

175 – 200 g Margarine
150 g Zucker
½ TL Salz
675 g Mehl
200-225 ml Milch
40-50 g Hefe

Margarine, Zucker und Salz gut verrühren, Mehl darüber sieben und mit der in lauwarmer Milch aufgelösten Hefe alles gut verkneten. Warm gestellt 1 Stunde gehen lassen. Nochmals kurz durchkneten, in zwei Hälften teilen und für zwei Bleche ausrollen.
Der Teig kann auch eingefroren werden, wenn nur ein Blech belegt werden soll.

Apfelkuchen – bäuerliche Art

Hefeteig für 1 Blech
2 Eier
2-3 EL Zucker
2 Päckchen Vanillezucker
50 g Margarine oder Butter
400-500 g Magerquark
1 kg Apfelspalten
2 gehäufte EL Zucker
1 TL Zimt
1 EL Grieß
2 EL Zitronensaft
1 EL Butter
2 EL Rum
100 g Rosinen
50 g gehackte Mandeln
Streusel:
125 g Zucker
200 g Mehl
1/2 TL Zimt
125 g Butter oder Margarine
20 g Butter
2 EL Staubzucker

Eier, Zucker, Vanillezucker, zerlassene Margarine oder Butter verrühren und den Quark unterrühren. Auf einen ausgerollten Hefeteig streichen. Apfelspalten mit Zucker, Zimt, Grieß und Zitronensaft vermischt in einen breiten Topf, in dem heiße Butter ist, geben. Zugedeckt unter gelegentlichem Umrühren bei schwacher Hitze langsam dünsten. Durch das Vordünsten werden die Äpfel beim Backen weich und entfalten ihr volles Aroma.

In Rum eingeweichte Rosinen unterrühren. Die noch etwas feste Apfelmasse auf dem Quark verteilen. Gehackte Mandeln und Streusel darüber geben. Für die Streusel Zucker, Mehl und Zimt mit zerlassener Butter verkneten. Den Kuchen backen. Erkaltet den Apfelkuchen mit zerlassener abgekühlter Butter bepinseln und mit Staubzucker besieben.

Backzeit: 30-40 Minuten
Hitze: 180-200 °C gute Unterhitze

Früher wie heute ein wichtiger Kirmeskuchen.

Tipp: *Statt Quark wird auch oftmals nur eine Puddingschicht unter die Äpfel gegeben.*

Quark-Mandarinen-Kuchen

Hefeteig für einen Kuchen
750 g Quark (20 %)
150 g Zucker
2 Päckchen Vanillezucker
2 TL Zitronenschale
75 g Grieß
2 Eier
je 4 EL Öl, Rum, Milch
1 große Prise Salz
4 Dosen Mandarinen
<u>*Guss:*</u>
½ l Mandarinensaft
4 EL Orangen- oder Mandarinengetränkepulver
2 EL Zucker
1 Päckchen Vanillepuddingpulver
100 g Butter
75 g Hartfett
1 gehäufter TL Gelatinepulver

Von Quark bis Salz alle Zutaten gut verrühren. Mandarinen etwas zerschneiden und gut abgetropft mit dem Quark vermischen. Auf einem ausgerollten Hefeteig gleichmäßig verteilen und glatt streichen. Backen.
Etwas Saft zurückbehalten und das Puddingpulver verquirlen. Den Großteil Mandarinensaft mit Getränkepulver und Zucker zum Kochen bringen. Das in Saft eingerührte Puddingpulver in die heiße Flüssigkeit rühren. Aufkochen, kurz abkühlen lassen. Butter und Hartfett mit der in 2 EL Saft eingerührten Gelatine in dem Pudding verrühren. Alles über den erkalteten Kuchen verteilen. Falls der Guss läuft, dann zweimal darüber streichen.

Backzeit: 25-30 Minuten
Hitze: 200 °C, gute Unterhitze

Fruchtiger Festtagskuchen, der sich bis zu einer Woche frisch hält.

Im Foto (von links nach rechts):
Schmetterlingskuchen,
Apfelkuchen »Schwarzer Heinrich«,
Quark-Mandarinen-Kuchen, Bauernkuchen,
Apfelmuskuchen mit rotem Guss,
Zitronenkuchen, Weintraubenkuchen,
Streuselkuchen mit fruchtiger Füllung

Sahne-Mandel-Kuchen

Hefeteig für einen Kuchen
4 Eier, 2 Päckchen Vanillezucker
200 g Zucker, 400 ml Sahne
1 Päckchen Vanillesoßenpulver
300 g mit der Schale gemahlene Mandeln
1/4 Flasche Bittermandelöl
75 g zerlassene Butter
<u>*Schokoguss:*</u>
200 g Bitterkuvertüre
50 ml Schlagsahne, 50 g Butter

Eier mit Zucker und Vanillezucker cremig schlagen. Von Sahne und Soßenpulver einen Pudding kochen und die gemahlenen Mandeln unterrühren. Butter zugeben. Ist alles abgekühlt, die Eiermasse unterrühren. Auf einen ausgerollten Hefeteig streichen und backen. Kuchen abkühlen lassen. Inzwischen Schokoguss bereiten. Dafür die Kuvertüre langsam im Wasserbad schmelzen. Sahne und Butter erhitzen und mit der Kuvertüre verrühren. Guss über den abgekühlten Kuchen streichen.

Backzeit: 15-20 Minuten
Hitze: 200 °C

Sirupkuchen

Hefeteig für einen Kuchen
1 Becher Sirup (450 g)
75 g gemahlene Mandeln oder Nüsse
<u>*Streusel:*</u>
450 g Mehl
250 g Zucker
2 Päckchen Vanillezucker
1/2 TL Zimt
150 g Butter
175 g Margarine
evtl. einige Tropfen Bittermandelöl

Sirup erwärmen und die gemahlenen Mandeln unterrühren. Masse auf einen ausgerollten Hefeteig streichen. Aus Mehl, Vanillezucker, Zucker, Zimt und zerlassener Butter mit Margarine große Streusel kneten und über die Sirupschicht streuen. Backen.

Backzeit: 20-25 Minuten
Hitze: 200 °C

Würziger Streuselkuchen, der nicht so schnell austrocknet.

Zitronenkuchen

Hefeteig für einen Kuchen
Puddingmasse:
1 l Milch
2 Päckchen Vanillepuddingpulver
3 Päckchen Pulver
für gelbe Vanillesoße
4 Eier, trennen
200 g Zucker
Saft von 5 Zitronen
Abrieb von 2 Zitronen
200 g zerlassene Margarine
Vanillecreme:
400 ml Milch
3 EL Zucker
1 1/2 Päckchen Puddingpulver
25 g Hartfett
125 g Butter/ Margarine
zum Verzieren:
100 g Bitterschokolade
1 EL Öl

Aus Milch, Soßenpulver und Puddingpulver einen straffen Pudding kochen. Eigelb mit Zucker dickcremig schlagen, Zitronensaft, -schale und handwarme zerlassene Margarine unterschlagen. Alles in den fast erkalteten Pudding rühren. Steifen Eischnee unterziehen. Die Puddingcreme auf den ausgerollten Hefeteig streichen und backen. Vanillecreme zubereiten. Dafür aus Milch, Zucker und Puddingpulver einen straffen Pudding kochen, Hartfett einrühren. Butter-Margarine-Gemisch cremig schlagen und den handwarmen Pudding löffelweise unterschlagen. Vanillecreme über den erkalteten Kuchen geben, glatt streichen und mit Kamm garnieren. Für die Verzierung Schokolade und Öl langsam erwärmen und in dünnen Fäden ziemlich dicht nebeneinander über die Cremeschicht ziehen.

Backzeit: 25-30 Minuten
Hitze: 180-200 °C

Ein feiner, lange haltbarer Festtagskuchen.

Apfelmuskuchen mit rotem Guss

Hefeteig für einen Kuchen
1,3 kg Apfelmus (nicht zu flüssig)
2 Päckchen Vanillezucker
1/2 TL Zimt
Zucker nach Geschmack (2-3 EL)
2 EL Zitronensaft
6 gehäufte EL Grieß
<u>Creme:</u>
400 g Frischkäse
(am besten Philadelphia)
100 g Staubzucker
300 g Vollmilchjoghurt
6 EL Rum, evtl. wenige Tropfen
Rumaroma, 1 Päckchen Gelatine
<u>Guss:</u>
400 ml Apfelsaft
1 Päckchen roter Tortenguss auf Gelatinebasis oder 1 rote Götterspeise

Apfelmus, Vanillezucker, Zimt, Zucker, Zitronensaft und Grieß in einen breiten Topf geben und einige Male durchkochen lassen. Lauwarm auf einen ausgerollten Hefeteig streichen und backen.
Frischkäse, Staubzucker und Joghurt verrühren und die im lauwarmen Rum aufgelöste Gelatine flott unterschlagen. Evtl. etwas Aroma zugeben. Masse auf das völlig erkaltete Apfelmus streichen. Aus Apfelsaft und rotem Guss oder Götterspeise nach Vorschrift einen Guss herstellen und kurz vor dem Erstarren über die Rumcreme geben.

Ein Kuchen, der sehr schön aussieht, sich lange frisch hält und sich auch besonders gut in kleine Stücke schneiden lässt.

Apfelmus von halbreifen Falläpfeln

Äpfel aus dem Garten auflesen, gut waschen und in vier Teile schneiden. Fleckiges, Wurmiges sowie Stiel und Blüte entfernen. Ungeschält mit Kerngehäuse in einen Topf geben (für 1 Kuchen ca. 1,5 kg Apfelstücke), mit $1/4$ l Wasser übergießen und bei nicht zu starker Hitze weich kochen. Öfter umrühren. Durch ein Sieb streichen. Ergibt ca. 1,3 bis 1,5 kg dickes Apfelmus für Kuchen.
Für Kompottapfelmus die doppelte Menge Wasser nehmen, dazu Zimt und Zucker nach Geschmack.

Im Foto: Cremeschnitten und Punschschnitten (Rezepte S. 84/88)

Stachelbeer-Krokant-Kuchen

Hefeteig für einen Kuchen
2 Eier
125 g Zucker
2 Päckchen Vanillezucker
750 g Magerquark
100 g Butter
1 Päckchen Puddingpulver
750 g Stachelbeeren
(frische, Konserve oder gefrostet)
<u>*Krokantguss:*</u>
175 g Butter
225 g Zucker
200 g nicht zu fein gemahlene Mandeln
4 EL Milch
2-3 Eier

Eier mit Zucker und Vanillezucker verrühren. Quark, zerlassene, abgekühlte Butter und Puddingpulver unterrühren. Den ausgerollten Hefeteig dünn mit dieser Masse bestreichen und die Stachelbeeren nicht zu dicht darüber streuen.
Den großen Rest Quarkmasse über die Stachelbeeren geben und glatt streichen. Butter zerlassen, Zucker und die feingehackten Mandeln zugeben. Rühren, bis der Zucker hellbraun geworden ist. Milch einrühren und abgekühlt die Eier unterrühren. Löffelweise über die Quarkschicht verteilen und schön glatt streichen. Bei guter Unterhitze backen.

Backzeit: 30-35 Minuten
Hitze: 200 °C, gute Unterhitze

Die säuerlichen Stachelbeeren, eingebettet in cremigen Quark und mit süßem Krokant abgedichtet, ergeben einen aromatischen, lange haltbaren Festtagskuchen.

Streuselkuchen mit fruchtiger Füllung

Hefeteig für einen Kuchen
200-300 g Trockenaprikosen
4 EL Zitronensaft
4 EL Wasser
1 Glas Aprikosenkonfitüre
75-100 g gehackte Walnüsse
Streusel:
375 g Mehl, 275 g Margarine
250 g Zucker,
2 Päckchen Vanillezucker
$1/2$ TL Zimt
75-100 g grob gehackte Walnüsse
zum Verzieren:
75 g Bitterschokolade
1 EL Rum, 1 EL Milch

Die aus der Packung genommenen Trockenaprikosen waschen und kleinschneiden, mit Zitronensaft und Wasser über Nacht einweichen.

Aprikosenmasse mit Konfitüre vermischen und auf den ausgerollten Hefeteig streichen.

Mehl mit zerlassener Margarine, Zucker und Gewürzen zu Streuseln kneten und über den Kuchen streuen. Darüber die grob gehackten Walnüsse streuen. Backen.

Schokolade in Rum und Milch langsam schmelzen und mit einem Löffel sparsam über den erkalteten Kuchen geben. Es soll nicht alles mit Schokolade bedeckt sein.

Backzeit: 20-25 Minuten
Hitze: 180-200 °C

Ein lange haltbarer, fruchtig-knuspriger Festtagskuchen.

Apfelkuchen »Schwarzer Heinrich«

Hefeteig für einen Kuchen
1/2 l Milch
400 g gemahlener Mohn
50 g Grieß
100 g Zucker
200 g Pflaumenmus
1 TL Zimt, 1/4 TL Salz
1/2 abgeriebene Zitrone
4 EL Öl, 4 EL Rum
1 kg Apfelraspeln
2 EL Zucker
4 gehäufte EL Grieß
Streusel:
200 g Mehl
150 g Margarine oder Butter
150 g Zucker
1 Päckchen Vanillezucker

Die Milch erhitzen und den mit Zucker und Grieß vermischten gemahlenen Mohn einrieseln lassen. Kurz kochen, Pflaumenmus, Gewürze, Öl und Rum unterrühren und abgekühlt auf den ausgerollten Hefeteig streichen.
Geschälte und geraspelte Äpfel mit Grieß und Zucker in einem breiten Topf vermischen und unter Rühren erhitzen, bis die Flüssigkeit etwas gebunden ist. Löffelweise über der Mohnmasse verteilen und glatt streichen. Aus Mehl, Zucker, Vanillezucker und zerlassener Margarine kleine Streusel kneten und über den Kuchen streuen. Backen.

Backzeit: 25-30 Minuten
Hitze: 200 °C

Saftig-würziger Kuchen, der noch mit zerlassener Butter bepinselt und mit Staubzucker besiebt werden kann.

Erdbeerkuchen

Hefeteig für einen Kuchen
1/2 l Milch
1 Päckchen Vanillepuddingpulver
2 TL Speisestärke
2 EL Zucker
3-4 Gläser Erdbeeren (je 1 l-Glas)
350 ml Erdbeersaft
1 1/2 Päckchen Puddingpulver
Erdbeergeschmack
25 g Hartfett
1-2 EL Zucker
175 g Butter

Aus Milch, Puddingpulver, Speisestärke und Zucker einen Pudding kochen und auf den ausgerollten Hefeteig streichen. Erdbeeren gut abgetropft ziemlich dicht auf den Kuchen legen. Backen.

Aus Erdbeersaft, Erdbeerpuddingpulver und Zucker einen Pudding kochen und das Hartfett einrühren. Butter cremig schlagen und den handwarmen Pudding löffelweise unterschlagen. Über den Erdbeeren verteilen. Mit Kamm garnieren.

Backzeit: 25-30 Minuten
Hitze: 200° C

Erdbeerkuchen fehlte früher auf keinem Fest, weil es wenig andere Früchte gab. Er schmeckt aber auch heute noch, obwohl man aus vielen Fruchtarten wählen kann.

Apfel-Orange-Kuchen

Hefeteig für einen Kuchen
150 g Aprikosenkonfitüre
25 g Butter
2 TL Zitronenschale, 2 EL Zitronensaft
1,2 kg geraspelte Äpfel
4 EL Grieß, 2 Eier
<u>*Guss:*</u>
400 ml Orangensaft
1-2 EL Zucker
1 Päckchen Vanillepudding
75 g Hartfett, 4 EL Rum
1/2 Päckchen Gelatine, 100 g Butter

Konfitüre, Butter, Zitronenschale und -saft erhitzen und die mit Grieß vermischten Apfelraspeln unterrühren. Aufkochen lassen und abgekühlt die Eier unterrühren. Auf den ausgerollten Hefeteig streichen und backen.

Aus Orangensaft, Zucker und Puddingpulver einen Pudding kochen. Hartfett und die in Rum aufgelöste Gelatine unter den Pudding rühren. Die weiche Butter in die lauwarme Masse schlagen und alles auf den erkalteten Kuchen streichen.

Backzeit: 20-25 Minuten
Hitze: 200 °C

Schmetterlingskuchen

Hefeteig für einen Kuchen
je 125 g Butter und Margarine
100 g Zucker
200 g gehackte Walnüsse
200 ml Schlagsahne
125 ml Milch
1 Päckchen Vanillesoßenpulver
100 g Honig
100 g gemahlene Nüsse oder Mandeln
1 Eigelb
<u>Glasur:</u>
1 Eiweiß, 200 g Staubzucker
100 g Hartfett, 4 EL Zitronensaft
<u>Muster:</u>
100 g Staubzucker, 2-3 EL Milch
Lebensmittelfarbe (rot, grün, gelb)

Butter und Margarine zerlassen, Zucker und Walnüsse zugeben und rühren, bis alles leicht gebräunt ist. Sahne und das in Milch aufgelöste Soßenpulver unterrühren, aufkochen. Honig und gemahlene Mandeln oder Nüsse unterrühren. Abgekühlt das Eigelb flott unterschlagen. Die Masse auf den ausgerollten Hefeteig streichen und backen.
Eiweiß mit Staubzucker und zerlassenem abgekühlten Hartfett verrühren. Mit Zitronensaft zu einer streichfähigen Masse verrühren und auf den erkalteten Kuchen streichen.
Staubzucker und Milch zu einem nicht zu dicken Brei verrühren und in drei kleine Kompottschälchen aufteilen. Jeweils mit wenigen Tropfen der verschiedenen Lebensmittelfarben verrühren. Mit einem Teelöffel abwechselnd schmale Streifen, die nicht gleichmäßig sein müssen, über den Kuchen ziehen.
Nun in 2 cm großen Abständen mit einem Messerrücken quer durch die Streifen ziehen, aber abwechselnd von einer Seite zur anderen und wieder zurück, so dass ein Muster entsteht, das natürlich auch nur mit einer Farbe gemacht werden könnte.
Guss und Streifen dürfen vor dem Durchziehen noch nicht trocken sein, sonst entsteht kein Muster!
Diese Art der Kuchenverzierung ist sehr alt, aber noch heute beliebt.

Backzeit: 30-35 Minuten
Hitze: 180-200 °C

Im Foto: Schmetterlingskuchen (oben), Erdbeerkuchen (links), Himbeerkuchen

Weintraubenkuchen

Hefeteig für einen Kuchen
4 Eier
200 g Zucker
2 Päckchen Vanillezucker
750-800 g Magerquark
300 g Margarine
1 Päckchen Puddingpulver
1 Päckchen Vanillesoßenpulver
700 g kernlose kleine Weintrauben (grün)
Guss:
400 ml Orangen- oder Apfelsaft
4 EL Zucker
1 Päckchen grüne Götterspeise
200 ml Schlagsahne
1 Päckchen Sahnesteif

Eier, Zucker und Vanillezucker kurz verrühren und den Quark mit zerlassener abgekühlter Margarine unterrühren. Puddingpulver und Soßenpulver zugeben und alles gut verrühren. Auf den ausgerollten Hefeteig streichen und die gewaschenen Trauben darüber streuen, etwas eindrücken. Kuchen backen und dann erkalten lassen.
Aus Saft, Zucker und Götterspeise eine Götterspeise herstellen und kurz vor dem Gelieren mit der steifgeschlagenen Sahne verrühren. Alles über den Kuchen streichen.

Backzeit: ca. 20 Minuten
Hitze: 180-200 °C

Feiner mild-fruchtiger Kuchen von schöner Farbe, der sich auch wunderbar schneiden lässt.

Sauerkirschkuchen

Hefeteig für einen Kuchen
375 ml Kirschsaft
1 Päckchen Puddingpulver Vanille-, Erdbeer- oder Himbeergeschmack
1-2 EL Zucker
1-2 Gläser Sauerkirschen
Guss:
125 g Margarine oder Butter
2-3 Eier, trennen
250 g Magerquark
5-6 EL Zucker
1 l Milch
3 Päckchen Vanillepuddingpulver
2 Päckchen Vanillezucker

Aus Kirschsaft, Zucker und Puddingpulver einen Pudding kochen und etwas abgekühlt auf den ausgerollten Hefeteig streichen. Gut abgetropfte Sauerkirschen nicht zu dicht darauf legen.
Weiche Margarine, Eigelb und Quark mit dem Zucker verrühren. Aus Milch und Puddingpulver einen straffen Pudding kochen und etwas abgekühlt mit der Quarkmasse vermischen. Eiweiß mit Vanille steif schlagen und unter die Quarkmasse heben. Alles über den Kirschen verteilen. Den Kirschkuchen backen.

Backzeit: 20-25 Minuten
Hitze: 180-200 °C

Ein lockerer saftiger Sonntagskuchen.

Himbeerkuchen

Hefeteig für einen Kuchen
$3/4$ l Milch
150 g Zucker
2 Päckchen Vanillezucker
2 Päckchen Puddingpulver
600 g Schmand
2 EL Öl

Fruchtbelag:
1,3 kg Himbeeren, 300 ml Wasser
200 g Zucker,
2 Päckchen Himbeergötterspeise oder
5 Päckchen roter Tortenguss (schnellbindend; für je $1/4$ l Flüssigkeit)

Aus Milch, Zucker, Vanillezucker und Puddingpulver einen straffen Pudding kochen und den Schmand in die heiße Masse rühren. Öl zugeben und die Masse auf den ausgerollten Hefeteig streichen, backen.
Himbeeren (frisch oder gefrostet) mit Zucker und Wasser langsam zum Kochen bringen und durch ein Sieb streichen. Es bleibt ca. 1,3 kg Masse übrig. Diese Himbeermasse in einen Topf geben, erhitzen und die in 3-4 EL Wasser aufgelöste Götterspeise in die heiße Masse rühren. Vor dem Erstarren auf die völlig erkaltete weiße Puddingschicht streichen

Backzeit: 20-25 Minuten
Hitze: 180-200 °C

Gartenhimbeeren, die nicht mehr schön aussehen, ergeben somit einen wunderbar fruchtigen Festtagskuchen, der auch einige Tage frisch bleibt.

Bauernkuchen

Hefeteig für einen Kuchen
<u>Quarkbelag:</u>
4 Eier
150-200 g Zucker
200 g Margarine oder Butter
1,25 kg Quark
1 Päckchen Vanillepuddingpulver
1 gehäufter EL Grieß
100 ml Öl
2 Päckchen Vanillezucker
2 TL Zitronenschale
1/2 TL Salz
1/4 TL Kümmel
100 g Korinthen
4 EL Rum
<u>Guss:</u>
100 g gemahlene Nüsse
100 g Staubzucker
1 Ei
100 g Hartfett
2-3 EL Rum

Eier, Zucker und zerlassene Margarine verrühren. Quark unterrühren. Puddingpulver, Grieß und Öl zugeben und alles mit den Gewürzen gut verrühren. Die in Rum eingeweichten Korinthen zugeben und die Quarkmasse auf einen ausgerollten Hefeteig streichen. Den Kuchen backen.

Nüsse in einer trockenen Pfanne rösten, abkühlen lassen. Staubzucker mit Ei verrühren und die abgekühlten Nüsse unterrühren. Zerlassenes abgekühltes Hartfett einrühren und mit Rum zu einer streichfähigen Masse verrühren. Die Masse auf den erkalteten Kuchen streichen.

Backzeit: 30-35 Minuten
Hitze: 190-200 °C

Würziger, deftiger Quarkkuchen vom Land.

Tipp: Mischt man einige Löffel gekochten Pudding unter die Quarkmasse, wird jeder Quarkkuchen saftiger.

Aprikosenkuchen

Hefeteig für einen Kuchen
400 ml Aprikosensaft
2 EL Zucker
1 gehäufter EL Orangengetränkepulver
1 Päckchen Vanillepuddingpulver
1 Päckchen Vanillesoßenpulver
2 große Dosen Aprikosen
Decke:
200 g Margarine
200 g Staubzucker
150 g Mehl
4 Eier
100 g Speisestärke
1 gestrichener TL Backpulver
Glasur:
150 g Bitterschokolade
80 g Butter
2 EL Milch

Aus Aprikosensaft, Zucker, Getränkepulver, Pudding- und Soßenpulver einen straffen Pudding kochen und auf den ausgerollten Hefeteig streichen. Aprikosenhälften in je 4-6 schmale Streifen schneiden und gut abgetropft nebeneinander auf den Kuchen legen. Weiche Margarine mit Staubzucker cremig schlagen und die Eier nach und nach unterschlagen. Mehl mit Backpulver und Speisestärke unterschlagen. Über den Aprikosen verteilen und glatt streichen. Dann backen.

Kuchen abkühlen lassen und eine Schokoglasur darüber streichen. Dafür Schokolade, Butter und Milch langsam auf der Herdseite schmelzen.

Backzeit: 25-30 Minuten
Hitze: 180-200 °C

Ein Kuchen, der sich durch die feine Sandteigdecke lange frisch hält.

Backpulverkuchen

Mephistokuchen

4 Eigelb, 100 g Zucker
100 g Margarine
4 EL Milch
300-325 g Mehl
2 leicht gehäufte TL Backpulver
Belag:
1/2 l Milch, 2 EL Zucker
1 Päckchen Schokopuddingpulver
200 g Bitterschokolade
150 g Butter
150 ml Schlagsahne
150 g gemahlene Mandeln
4 Eiweiß
Streusel:
225 g Mehl
100 g Zucker
150 g Margarine
zum Verzieren:
100 g Staubzucker, 2 EL Zitronensaft
1 EL heißes Wasser
1-2 Tropfen grüne Kuchenfarbe

Im Foto (von links nach rechts):
Rokokokuchen, Mephistokuchen,
Gefüllter Mandelkuchen, Regentenkuchen,
Apfelkuchen mit Streuseln, Mokkakuchen,
Aprikosen-Mohnbiskuit-Kuchen,
Rokokokuchen

Eigelb, Zucker, Margarine und Milch verrühren. Mehl mit Backpulver unterrühren bzw. verkneten und den Teig auf ein gefettetes Blech ausrollen.

Aus Milch, Zucker und Puddingpulver einen Pudding kochen und die zerbröckelte Schokolade mit der Butter in den heißen Pudding geben. Mandeln und Schlagsahne unterrühren. Geschlagenes Eiweiß unterheben und auf den ausgerollten Teig streichen.

Aus Mehl, Zucker und zerlassener Margarine Streusel kneten und darüber streuen. Backen.

Staubzucker, Zitronensaft und evtl. heißes Wasser miteinander verrühren und zart grün färben. Mit einem Teelöffel den Guss über die Streusel ziehen. Es soll nicht der ganze Kuchen bedeckt sein.

Backzeit: 20-25 Minuten
Hitze: gute Unterhitze, 200 °C

Ein rustikaler, lange haltbarer Kuchen, der auch interessant aussieht.

Försterinnenkuchen

180 g Margarine, 150 g Zucker
1 Prise Salz, 3 Eier
200 g dicke Preiselbeeren
100 g saure Sahne
300 g Mehl
1 gehäufter TL Backpulver, 1 TL Natron
100 g gehackte Walnüsse
Schokoguss:
1 Ei, 3 gehäufte EL Zucker
2 gehäufte EL Kakao
100 g Hartfett
1-2 EL Milch

Butter oder Margarine, Zucker, Salz und Eier dickcremig schlagen. Preiselbeeren mit Sahne verrühren und abwechselnd mit dem mit Backpulver und Natron vermischten Mehl unter die Eiermasse schlagen. Nüsse unterrühren und den Teig auf ein gefettetes Blech streichen. Bei guter Unterhitze backen. Erkaltet mit Schokoguss bestreichen. Dafür das Ei mit Zucker und Kakao verrühren, das nicht zu heiße Hartfett unterrühren und mit heißer Milch verrühren.

Backzeit: 10-15 Minuten
Hitze: 180 °C

Gefüllter Mandelkuchen

<u>Teig:</u>
4 Eier
200 g Zucker
275 g Mehl
1 Päckchen Backpulver
200 g Schmand
1 Prise Salz
<u>Belag:</u>
6 EL Milch
150 g Zucker
125 g Butter
1 Päckchen Vanillezucker
100-150 g Mandelblättchen
<u>Füllung:</u>
3/4 l Milch
2 Päckchen Vanillepuddingpulver
2 gehäufte EL Zucker
1 Löffelspitze Salz
25 g Hartfett
1/2 Päckchen Gelatine
100 g Butter
100 g Margarine

Eier, Salz und Zucker dickcremig schlagen. Mehl mit Backpulver und Schmand abwechselnd unterschlagen. Zwei Bleche mit Backpapier auslegen und den Teig darauf verteilen. Backen.

Erstes Blech 10 Minuten bei 200 °C backen.
Zweites Blech 5 Minuten vorbacken und den Belag auf den heißen Boden streichen. Dafür Milch, Zucker, Butter und Vanillezucker aufkochen. Mandelblättchen zugeben und noch 1 Minute kochen lassen. Nachdem der Belag aufgebracht ist, dieses Blech nochmals 10 Minuten backen, bis alles leicht gebräunt ist.
Für die Füllung aus Milch, Zucker, Salz und Puddingpulver einen straffen Pudding kochen und das Hartfett einrühren. Die in 2 EL Wasser aufgelöste Gelatine zugeben. Butter und Margarine cremig schlagen und den handwarmen Pudding löffelweise unterschlagen. Die Puddingcreme auf die glatte Unterseite des auf dem ersten Blech gebackenen Bodens streichen.
Die Mandelplatte (zweites Blech) darüber decken.

Die mit etwas Salz gewürzte, sparsam gesüßte lockere Creme in Verbindung mit der knusprig süßen Mandeldecke gibt diesem wunderbaren Kuchen eine ganz besonders feine Note.
Kühl gestellt ist er auch lange haltbar.

Rokokokuchen

Teig:
175 g Margarine
175 g Zucker
4 Eier
250 g Mehl
2 EL Kakao
1 TL Backpulver
1 leicht gehäufter TL Natron
8 EL Milch
Belag:
300 ml Milch
1 Päckchen Vanillepuddingpulver
5 EL Weinbrand
1/2 Päckchen Gelatine
1/4 l Eierlikör
2 EL Staubzucker
150 g Butter
150-200 g Walnüsse
Zum Verzieren:
75 g Bitterschokolade
1 EL Öl

Margarine, Zucker und Eier gut verschlagen. Mehl, Kakao und Backpulver gesiebt unterschlagen. Natron in Milch aufgelöst zugeben und einen glatten Teig schlagen. Auf einem Blech auf Backpapier backen. Aus Milch und Puddingpulver einen straffen Pudding kochen. Die im warmen Weinbrand aufgelöste Gelatine in die heiße Puddingmasse rühren. Nun den Eierlikör in die nicht mehr ganz heiße Masse rühren. Staubzucker mit Butter cremig schlagen und den handwarmen Pudding löffelweise unterschlagen. Auf die Unterseite vom gebackenen dunklen Kuchen streichen. Mit Kamm garnieren und die zerbrochenen Walnussstückchen nicht zu dicht darüber verteilen. Schokolade mit Öl langsam schmelzen und mit einem Teelöffel Streifen oder Kringel in dünnen Fäden über den Kuchen ziehen.

Backzeit: 15-20 Minuten
Hitze: 200 °C

Das ist ein pralinenartiger ganz feiner Festtagskuchen, der sich problemlos 1-2 Wochen hält.

Im Foto: Regentenkuchen, Rokokokuchen, Mokkakuchen, Gefüllter Mandelkuchen (ganz oben)

Ananaskuchen

Teig:
150 g Zucker
125 g Margarine
1 Ei
1 EL Milch
300-350 g Mehl
1 TL Backpulver

Belag:
100 g Aprikosenmarmelade
4 EL Zitronensaft
100 g gemahlene Mandeln
50 g Semmelmehl
3 kleine Dosen Ananas
(ca. 300 g Abtropfgewicht)

Guss:
5-6 Eier, 175-200 g Zucker
200 g Schlagsahne
50 g Butter
75 g Mandelblättchen
75 g Korinthen

Zucker, weiche Margarine und Ei mit Milch gut verschlagen. Backpulver mit der Hälfte Mehl unterschlagen und das übrige Mehl unterkneten. Den Teig auf einem gefetteten Blech ausrollen. (Ringsum einen Rand andrücken, sonst läuft die Gussmasse vom Kuchen.)
Die mit Zitronensaft verrührte Marmelade darüber streichen und das Mandel-Semmelmehl-Gemisch darüber streuen. Ananasringe übereinandergelegt in kleine Stücke schneiden und gut abgetropft über der Mandelschicht verteilen.
Eier, Zucker und Sahne verquirlen und die Hälfte über den Kuchen gießen. Mit Korinthen und Mandelblättchen bestreuen und den restlichen Guss über den Kuchen verteilen. Backen. Kuchen noch warm mit zerlassener Butter bepinseln.

Backzeit: 25-30 Minuten
Hitze: 200 °C

Ein saftiger Kuchen, der auch nach Tagen weder austrocknet noch matscht.

Aprikosen-Mohnbiskuit-Kuchen

4 Eier, 2 EL Wasser
125 g Zucker
100 g Mehl
75 g Speisestärke
1 gestrichener TL Backpulver
100 g Mohn
50 g Butter
1 EL Staubzucker
1-2 EL Aprikosenkonfitüre
2 große Dosen Aprikosen
(465 g Abtropfgewicht)
1 Päckchen Aprikosengötterspeise
400 ml Aprikosensaft
200 ml Schlagsahne
1 Päckchen Sahnesteif

Eiweiß mit lauwarmem Wasser schaumig schlagen. Zucker einrieseln lassen und alles in 5 Minuten steif schlagen. Die Eigelb unterziehen, Mehl, Speisestärke und Backpulver zur Hälfte zugeben, restliches Mehl mit Mohn unterheben. Auf gefettetem Papier auf einem Blech backen. Weiche Butter, Staubzucker und Konfitüre verrühren und auf die Unterseite des erkalteten Bodens streichen. Gut abgetropfte Aprikosen in 4-6 dünne Streifen schneiden und auf den Kuchen geben. Aus Götterspeise und Saft eine Aprikosengötterspeise herstellen und kurz vor Gelierbeginn mit der steif geschlagenen Sahne vermischen. Über die Aprikosenschicht streichen.

Backzeit: 15 Minuten
Hitze: 180-200 °C

Farblich ansprechender, fruchtiger Festtagskuchen, kühl gestellt lange haltbar.

Apfelkuchen mit Streuseln

125 g Margarine
125 g Zucker
1 Löffelspitze Salz
2 Eier
325-350 g Mehl
1 gehäufter TL Backpulver
375 ml Apfelsaft
125 g Aprikosenkonfitüre
2 Päckchen Vanillepuddingpulver
1 kg Apfelwürfel
2 EL Semmelmehl
<u>Streusel:</u>
175 g Zucker
300 g Mehl
2 Päckchen Vanillezucker
1 TL Zimt
175 g Margarine
<u>Guss:</u>
100 g Staubzucker
2 EL Zitronensaft
30 g Hartfett

Margarine, Zucker und Eier verrühren und das Mehl mit Backpulver nach und nach unterkneten. Den Teig auf einem gefetteten Blech ausrollen mit Semmelmehl bestreuen.
Apfelsaft, Konfitüre und Puddingpulver verrühren und aufkochen lassen. Apfelwürfel zugeben und unter Rühren alles erhitzen, damit die Äpfel etwas mürbe werden. Abgekühlt auf den mit Semmelmehl bestreuten Teig streichen.
Die Streuselzutaten mit zerlassener Margarine verkneten und kleine Streusel wie eine Decke über dem Kuchen verteilen. Backen.
Staubzucker, Zitronensaft und zerlassenes Hartfett zu einem dicken Brei verrühren und mit einem Teelöffel über den noch warmen Kuchen fahren. Nicht den ganzen Kuchen mit dem Guss bedecken.

Backzeit: 30-35 Minuten
Hitze: 200 °C

Erfrischend und fruchtig kann der sehr leckere Kuchen schon warm probiert werden.

Regentenkuchen

Teig:
4 Eigelb
4 EL Wasser
250 g Zucker
300 g Kartoffelmehl
150 g Schmand
1 TL Natron
1 TL Backpulver
8 EL Zitronensaft
1 gehäufter EL Kakao
1 gehäufter EL Mehl
Füllung:
3 EL rote Marmelade
1/2 l Milch
1 1/2 Päckchen Himbeerpuddingpulver
1-2 EL Himbeergetränkepulver
3 EL Zucker
50 g Hartfett
200 g Butter
zum Verzieren:
75 g Bitterschokolade
1 EL Öl

Eigelb mit Zucker und Wasser dickcremig schlagen. Stärkemehl mit Backpulver vermischt und das in Schmand aufgelöste Natron und den Zitronensaft unterrühren. Steifen Eischnee zugeben und die Masse teilen. In die eine Hälfte das Mehl, in die andere Hälfte den Kakao rühren. Auf zwei mit Backpapier ausgelegten Blechen backen.

Aus Milch, Puddingpulver und Getränkepulver mit Zucker einen straffen Pudding kochen und das Hartfett in die heiße Masse rühren. Auf die Unterseite vom dunklen Kuchenboden ganz dünn Marmelade streichen. Butter cremig schlagen und den roten Pudding löffelweise unterschlagen. Den größten Teil Creme auf der Marmelade verteilen und den hellen Boden mit der Oberseite darüber decken. So hat man oben eine glatte Fläche und der Rest Creme lässt sich schön glatt darauf streichen. Nun mit dem Kamm wellenartig über den Kuchen fahren. Ist die Creme fest, mit einem Teelöffel die mit Öl geschmolzene Bitterschokolade in dünnen Fäden darüber ziehen.

Backzeit: 10-15 Minuten
Hitze: 180-200 °C

Ein Blickfang auf jeder Kaffeetafel ist dieser lange haltbare Kuchen. Kühl gestellt hält er sich 1-2 Wochen.
Er lässt sich auch sehr gut in kleine Stücke teilen.

Apfelmuskuchen mit Baiserdecke

Teig:
4 Eigelb
125 g Margarine
100 g Zucker
1 EL Milch
1 leicht gehäufter TL Backpulver
300 g Mehl

Belag:
1,3 kg Apfelmus
6-7 gehäufte EL Grieß

Decke:
6 Eiweiß
150 g Zucker
125 g Staubzucker
30 g Speisestärke

Glasur:
1 Ei
3 EL Zucker
1 gehäufter EL Kakao
100-125 g Hartfett

Eigelb mit Margarine, Zucker und Milch verrühren. Mehl mit Backpulver unterkneten und den Teig auf ein gefettetes Blech ausrollen.

Apfelmus (möglichst ungesüßt) mit Grieß unter Rühren dickkochen. Abgekühlt auf die Teigplatte streichen und backen.

Inzwischen das gekühlte Eiweiß schaumig schlagen, den Zucker allmählich einrieseln lassen und alles in 10 Minuten auf mittlerer Stufe ganz steif schlagen. Staubzucker und Speisestärke darüber sieben und unterheben. Masse auf den vorgebackenen Kuchen geben und schön glatt streichen. Zu heller Farbe backen.

Erkaltet eine Schokoglasur über den Kuchen streichen. Dafür Ei mit Zucker gut verrühren, Kakao unterrühren und das zerlassene, etwas abgekühlte Hartfett nach und nach zugeben. (Evtl. 1 EL Rum zum Glattrühren.)

Backzeit/ Hitze: erst 10-15 Minuten bei 200 °C, dann 20 Minuten bei 180 °C

Pfirsichkuchen

Teig:
175 g Zucker
125 g Margarine
1 Ei
1-2 EL Milch
350 g Mehl
1 gehäufter TL Backpulver
2 EL Semmelmehl

Belag:
100 g Zucker
2 Eier, trennen
2 Dosen Pfirsiche (davon 600 ml Saft)
4 EL Zitronensaft
2 Päckchen Vanillepuddingpulver

Streusel:
175 g Mehl
125 g Margarine
125 g Zucker
1 Päckchen Vanillezucker
30 g Butter
2 EL Staubzucker

Zucker, Margarine, Ei und Milch verrühren, Mehl mit Backpulver unterkneten und den Teig auf einem gefetteten Blech ausrollen. Mit Semmelmehl bestreuen.
50 g Zucker mit Eigelb dickcremig aufschlagen. Von Pfirsichsaft, Zitronensaft und Puddingpulver einen Pudding kochen und abgekühlt mit der Eigelbmasse verrühren. Das mit 50 g Zucker steifgeschlagene Eiweiß unterziehen und alles auf den Teig streichen. Pfirsiche zerschneiden (je Hälfte 4-6 Streifen) und nebeneinander auf die Cremeschicht legen. Die aus Mehl, Zucker und Margarine gekneteten Streusel darüber streuen. Backen. Den erkalteten Kuchen mit zerlassener abgekühlter Butter bepinseln und mit Staubzucker besieben.

Backzeit: 20-25 Minuten
Hitze: 200 °C

Mokkakuchen

Teig:
200 g Margarine
250 g Staubzucker
4 Eier
200 g Schmand
300 g Mehl
1 1/2 Päckchen Backpulver
1 gehäufter EL Kakao
2 TL Kaffeepulver
2 Päckchen Vanillesoßenpulver
Creme:
2 EL Kaffeepulver
250 ml Wasser
400 ml Milch
125 g Zucker
2 Päckchen Vanillepuddingpulver
1 TL Kakao
50 g Hartfett
1 gehäufter TL Gelatine
100 g Butter
50 g feste Würfelmargarine
Glasur:
3-4 EL Aprikosenkonfitüre
2 EL Zitronensaft
100 g Vollmilch- oder Bitterkuvertüre
100 g Nutella

Weiche Margarine, Staubzucker und Eier gut verschlagen. Schmand unterschlagen und das Mehl mit Backpulver zugeben. Teig teilen. Eine Hälfte mit Kaffee und Kakao, die andere Hälfte mit Vanillesoßenpulver vermischen. Zwei dünne Böden auf Backpapier backen.

Kaffeepulver mit kochendem Wasser brühen, 5 Minuten ziehen lassen, durch ein Sieb gießen und mit der Milch, Zucker, Puddingpulver und wenig Kakao einen straffen Pudding kochen. Hartfett und die in 2 EL warmem Wasser aufgelöste Gelatine unterrühren. Butter und Margarine cremig schlagen und den handwarmen Pudding löffelweise unterschlagen. Creme auf die Unterseite vom dunklen Boden streichen und den gelben Boden darüber legen. Mit Zitronensaft erhitzte Konfitüre darüber pinseln.

Kuvertüre mit Nutella langsam schmelzen, gut verrühren und über die angetrocknete Konfitüre streichen.

Backzeit: 10-15 Minuten
Hitze: 180 °C

Sehr feiner Festtagskuchen, der sich lange hält. Trotz der langen Zutatenliste ist die Herstellung nicht aufwändig.

Wattekuchen

<u>Teig:</u>
250 g Zucker
5 Eier
300 g Mehl
1 Päckchen Backpulver
<u>Füllung:</u>
1 l Milch
3 Päckchen Schokoladen-
puddingpulver
4 gehäufte EL Zucker
30 g Butter
<u>Guss:</u>
250-300 g Staubzucker
2 EL Zitronensaft
50 g zerlassene Butter
1 EL heiße Milch
2 EL bunte Zuckerstreusel

Zucker und Eier dickcremig schlagen. Mehl mit Backpulver gemischt unterschlagen. Teig teilen und auf zwei mit Backpapier ausgelegte Bleche dünn aufstreichen. Backen.
Aus Milch, Zucker und Puddingpulver einen nicht zu süßen Pudding kochen. Die Butter in die noch warme Masse rühren. Den nicht zu heißen Pudding auf einen der Böden streichen, mit zweitem Boden bedecken. Staubzucker mit Zitronensaft und zerlassener Butter verrühren, mit heißer Milch glänzend rühren (1-2 Minuten). Den Zitronenguss auf den oberen Boden streichen, bunte Zuckerstreusel darüber geben.

Backzeit: 10-12 Minuten
Hitze: 180 °C

Locker und leicht war das <u>der</u> Kindergeburtstagskuchen schon in den 60er Jahren.

Torten

Stachelbeertorte

<u>Teig:</u>
75 g Margarine
1 Ei
50 g Zucker
150 g Mehl
1/2 TL Backpulver
2 EL rote Marmelade
<u>Biskuitteig:</u>
2 große Eier, 125 g Zucker
125 g Mehl
1 TL Backpulver
<u>Belag:</u>
1 Glas Stachelbeeren
375 ml Stachelbeersaft
1 Päckchen Vanillepudding
1 Eigelb
20 g Margarine
1 Eiweiß
75 g Zucker
1 grüne Götterspeise

*Im Foto:
Rhabarbertorte, Pfirsichtorte »Margit«,
Stachelbeertorte*

Weiche Margarine, Ei und Zucker verrühren. Mehl mit Backpulver vermischt unterkneten und den Teig auf ein gefettetes Tortenblech drücken. 10 Minuten vorbacken. In der Zeit die Eier mit Zucker dickcremig schlagen, Mehl mit Backpulver gesiebt unterheben. Marmelade auf den heißen Tortenboden streichen und den Biskuitteig darüber verteilen. Backen.
Eiweiß mit Zucker zu einer festen Masse schlagen. Stachelbeersaft, Puddingpulver und Eigelb verquirlen und mit der Margarine in einem größeren Topf unter Rühren aufkochen lassen. Ein Drittel vom Eischnee in die kochende Masse rühren und wieder aufkochen lassen. Den übrigen Eischnee unter die heiße Masse ziehen, auf den Tortenboden streichen und mit gut abgetropften Stachelbeeren belegen. Mit der nach Vorschrift hergestellten grünen Götterspeise abdecken.

Backzeit: 10 Minuten vorbacken,
10-15 Minuten fertig backen
Hitze: 180-200 °C

Diese fettarme fruchtig-leichte Torte erinnert an die 60er/ 70er Jahre. Damals auch als »Schnitten auf dem Blech« bekannt.

Rhabarbertorte

Teig:
150 g Margarine
150 g Staubzucker
1 Päckchen Vanillezucker
3 Eier
175 g Mehl
1 EL Speisestärke
1 gehäufter TL Backpulver
2 EL Milch
Belag:
650 g Rhabarberstücke
6 gehäufte EL Zucker
2 Päckchen Himbeergötterspeise
Schlagsahne nach Geschmack

Weiche Margarine mit Staubzucker und Vanillezucker cremig schlagen. Die nicht zu kalten Eier nach und nach unterschlagen. Mehl mit Backpulver, Speisestärke und Milch zugeben und kurz zu einem feinen glatten Teig schlagen. In eine Springform (28 cm ø) geben und backen. Rhabarberstücke mit Zucker und $1/4$ l Wasser 1 Minute kochen und zugedeckt noch 10 Minuten ziehen lassen. Abgießen und mit dem Saft eine rote Götterspeise zubereiten. Abkühlen lassen und dann die Rhabarbermasse unterrühren.

Kurz vor dem Gelierbeginn alles auf den erkalteten Tortenboden geben. Nach Belieben mit Schlagsahne garnieren.

Backzeit: 25-30 Minuten
Hitze: 175 °C

Eine erfrischende Frühjahrstorte.

Aprikosen-Quark-Torte

Teig:
70 g Zucker
70 g Margarine
1 Ei
170 g Mehl
1/2 TL Backpulver
Belag:
125 g Butter
125 g Zucker
1 Päckchen Vanillezucker
1 gehäufter TL Speisestärke
3 Eier
400 g Quark
1 Dose Aprikosen
1/2 l Orangensaft
3 Päckchen klarer Tortenguss
3-4 EL Zucker

Zucker, Margarine und Ei verrühren und das Mehl vermischt mit Backpulver unterrühren. Zu einem nicht zu festen Teig verkneten und auf einem Tortenblech breit drücken. Weiche Butter, Zucker, Vanillezucker, Speisestärke und Eier verrühren. Dann den Quark unterrühren. Einige Löffel davon auf den Boden streichen und die gut abgetropften Aprikosen darauf legen. Die Aprikosenschicht mit dem großen Rest Quarkmasse bedecken und die Torte backen.
Aus Orangensaft und Tortenguss mit Zucker vermischt einen Guss herstellen und über die erkaltete Torte verteilen.

Backzeit: 35-40 Minuten
Hitze: 200-225 °C, gute Unterhitze

Schnell zubereitetes sättigendes Sonntagsgebäck.

Tipp: Statt Orangensaft kann auch Götterspeise mit Aprikosengeschmack verwendet werden.

Weintraubentorte

Teig:
125 g Margarine
100 g Zucker
4 Eigelb, 3 EL Milch
150 g Mehl
1/2 Päckchen Backpulver
Belag:
4 Eiweiß
200 g Zucker
100 g Mandelblättchen
Füllung:
150 ml Wasser
100 ml Zitronensaft
1/2 Päckchen grüne Götterspeise
6 EL Zucker
250-300 g kleine kernlose Weintrauben
1/2 l Milch
1 Päckchen Vanillepudding
1/2 Päckchen Gelatine
200 ml Schlagsahne
1 Päckchen Sahnesteif
1 Päckchen Vanillezucker

Weiche Margarine, Zucker, Eigelb und Milch untereinander schlagen. Mehl mit Backpulver kurz unterschlagen. Den Teig auf zwei Springformböden (28 cm Ø) verteilen. Eiweiß mit Zucker in 5 Minuten zu einer kompakten Masse schlagen und auf die zwei Böden verteilen. Mandelblättchen darüber streuen. Auf der unteren Schiene backen. Bei zu starker Bräunung ein Backblech darüber schieben.

Die Böden mit einem Messer vom Blech lösen. Einen Boden in zwölf Tortenstücke teilen und den zweiten Boden 1-2 Tage später mit der Beerenmasse bestreichen. Für die Beerenmasse aus Wasser, Zitronensaft, Götterspeisenpulver und 4 EL Zucker eine Götterspeise bereiten. Die Weintrauben in diese heiße Masse geben. Die schon etwas gelierte Masse auf den Tortenboden streichen. Nun aus Milch, restlichem Zucker und Puddingpulver einen Pudding kochen und die in 2 EL Wasser aufgelöste Gelatine in den heißen Pudding rühren. Erkaltet die steif geschlagene Sahne unterrühren. Über den Beeren verteilen und die vorbereiteten Tortenstücke darauf decken. Kühl stellen.

Backzeit: 30-35 Minuten
Hitze: 200 °C, untere Schiene

Diese knusprig leichte Torte kann man statt mit Puddingcreme auch nur mit ca. 600 ml Schlagsahne bereiten.

Apfel-Orangen-Torte

Teig:
125 g Zucker
3 Eier
2 EL warmes Wasser
125 g Mehl
25 g Speisestärke
1 TL Backpulver
Belag:
600 g Apfelwürfel
1/2 l Orangensaft
2 EL Orangengetränkepulver
3-4 EL Zucker
2 Päckchen Vanillepuddingpulver
2 Becher Schlagsahne
2 Päckchen Vanillezucker
2 Päckchen Sahnesteif

Zucker, Eier und warmes Wasser dickcremig schlagen. Mehl, Speisestärke und Backpulver unterheben. Den Boden backen.
Apfelwürfel mit Orangensaft, Orangengetränkepulver und Zucker aufkochen. Das Puddingpulver in etwas vorher weggenommenem Saft anrühren und unter die Apfelmasse rühren und 1 Minute kochen lassen. Etwas abgekühlt auf den erkalteten Tortenboden streichen. Dick mit Schlagsahne bestreichen. Je nach Geschmack mit Schokoraspeln bestreuen.

Backzeit: 25-30 Minuten
Hitze: 180-200 °C

Zu DDR-Zeiten wurde die Torte mit Wasser und 1 Päckchen Orangengetränkepulver statt Orangensaft hergestellt. Eine sehr feine Torte.

Aprikosentorte

Teig:
75 g Margarine
75 g Zucker
1 Päckchen Vanillezucker
1 Ei
200 g Mehl, 1 TL Backpulver
Belag:
3 kleine Dosen Aprikosen
(Tortenfrüchte)
400 ml Aprikosensaft
1 Päckchen Vanillepuddingpulver
100 g Zucker
3 Eigelb
200 g Schmand
3 Eiweiß

Aus den Teigzutaten einen Mürbeteig kneten und auf einem Tortenblech ausrollen. Springformrand umlegen. Gut abgetropfte Früchte auf dem Teigboden verteilen. Aus Aprikosensaft und Puddingpulver einen Pudding kochen und über die Torte geben. Auf der unteren Schiene backen. Inzwischen Zucker, Eigelb und Schmand verrühren, den steifen Eischnee unterziehen und alles über die halbgebackene Torte streichen. Dann zu Ende backen

Backzeit: zuerst 30-35 Minuten, dann noch einmal 20 Minuten
Hitze: 180 °C, untere Schiene

Eine sehr zarte, locker-leichte Torte.

Jägertorte

Teig:
3 Eier
100 g Zucker
200 g gemahlene Nüsse
3 geriebene Zwiebäcke
1 gehäufter TL Backpulver
Belag:
1 Glas dicke Preiselbeeren
2 Becher Schlagsahne
1 Päckchen Sahnesteif
1 Päckchen Vanillezucker
1 EL Rum oder Weinbrand

Eier und Zucker dickcremig schlagen. Nüsse, geriebenen Zwieback und Backpulver kurz unterschlagen. Den Boden backen.
Die Preiselbeeren auf den erkalteten Boden streichen. Sahne mit Sahnesteif und Vanillezucker steif schlagen und den Rum oder Weinbrand unterheben. Auf die Preiselbeeren geben.

Backzeit: 25-30 Minuten
Hitze: untere Schiene, 200 °C

Eine schnelle Sonntagstorte.

Apfeltorte

100 g Zucker
2 Eier
150 g Joghurt oder Schmand
100 g Mehl
75 g Speisestärke
1/2 Päckchen Backpulver
500 g Apfelscheiben
2 EL Aprikosenkonfitüre
4 EL Rum
50-75 g Mandelblättchen
25 g Butter
75 g Staubzucker
1 EL Zitronensaft
1/2-1 EL heißes Wasser
25 g Hartfett

Eier mit Zucker dickcremig schlagen. Joghurt unterschlagen. Mehl mit Backpulver und Speisestärke zugeben. In eine Springform geben und die Apfelscheiben dicht nebeneinander darauf legen. Konfitüre mit Rum erhitzen und über die Äpfel pinseln. Dick mit Mandelblättchen bestreuen und backen.
Die Torte noch warm mit zerlassener Butter bepinseln. Staubzucker, Zitronensaft, Wasser und zerlassenes Hartfett zu einem dicklichen Brei verrühren und mit einem Löffel über der erkalteten Torte verteilen, aber so, dass nicht die gesamte Oberfläche bedeckt ist.

Backzeit: 35-40 Minuten
Hitze: 200 °C, untere Schiene

Schnelle, sehr gute Sonntagstorte.

Pfirsichtorte »Margit«

<u>Teig:</u>
3 kleine Eier
100 g Zucker
125 g Mehl
1 gestrichener TL Backpulver
<u>Belag:</u>
3 Päckchen klarer Tortenguss (schnellbindend für je 1/4 l Flüssigkeit)
600 ml Maracujasaft (400 ml für den Tortenguss, 200 ml für das Puddingpulver)
1 Dose Pfirsiche, 2 EL Zucker
400 ml Schlagsahne
2 Päckchen Vanillezucker
2 Päckchen Sahnesteif oder
3 TL Sofortgelatine
1 Päckchen Puddingpulver Pfirsich-Maracuja (zum Nichtkochen)

Eier mit Zucker dickcremig schlagen, Mehl mit Backpulver vermischt unterschlagen. Den Teig in eine Springform füllen und backen.
400 ml Maracujasaft und Tortenguss aufkochen lassen und die vorher in kleine Stücke geschnittenen Pfirsiche unterrühren. Die Masse auf den erkalteten Tortenboden streichen.
Sahne mit Vanillezucker und Sahnesteif oder Sofortgelatine steif schlagen und über die erkaltete Pfirsichmasse geben.
200 ml Maracujasaft und Puddingpulver in ca. 3 Minuten dick schlagen und über der Sahneschicht verteilen.

Backzeit: 20-25 Minuten
Hitze: 190-200 °C

Eine fruchtig-aromatische Festtagstorte, die auch tagelang schön aussieht.
Am besten schon 1-2 Tage vor dem Verzehr bereiten.

Schneewittchentorte

Teig:
100 g Margarine
150 g Zucker
3 kleine Eier
175 g Mehl
1 gehäufter TL Backpulver
1 EL Kakao, 1 EL Milch
Belag:
3/4 Glas Sauerkirschen
5 EL Zitronensaft, 5 EL Wasser
1 1/2 Päckchen Gelatine
500 g Magerquark
100 g Zucker
200 g Schlagsahne
1 Päckchen Sahnesteif
2 Päckchen Vanillezucker
1/2 l Kirschsaft
1 Päckchen Kirschgötterspeise oder Gelatine

Weiche Margarine, Zucker und Eier dickcremig schlagen. Mehl mit Backpulver kurz unterschlagen. Die Hälfte vom Teig auf einen Tortenboden (28 cm Ø) streichen. Den Rest mit Kakao und Milch verrührt darüber streichen. Gut abgetropfte Sauerkirschen nicht zu dicht darauf streuen. Backen.

Zitronensaft und Wasser erwärmen und die Gelatine auflösen. 3 EL Quark von der vorher mit Zucker verrührten Quarkmasse mit der warmen Gelatine verrühren. Nun erst alles flott unter die Quarkmasse rühren. Sahne mit Sahnesteif und Vanillezucker steifschlagen und unter die Quarkmasse ziehen. Alles über die Torte verteilen und schön glatt streichen.
Nach Vorschrift zubereitete Götterspeise über die inzwischen festgewordene Torte streichen.

Backzeit: 30-35 Minuten
Hitze: 180-200 °C

Rustikale Torte, die sehr schön aussieht.

Bananentorte

Teig:
100 g Margarine
75 g Zucker
1 kleines Ei
200 g Mehl
$1/2$ TL Backpulver
1 Prise Salz
1 Päckchen Vanillezucker

Belag:
2 EL Aprikosenkonfitüre
5-6 Bananen
Zitronensaft
400 ml Orangensaft
4 gehäufte EL Zucker
2 Päckchen klarer Tortenguss
für je $1/4$ l Flüssigkeit (schnellbindend)
nach Belieben Schlagsahne zum Garnieren

Margarine, Zucker und Ei verrühren. Mehl mit Backpulver und Gewürzen zugeben und einen Teig kneten. Den Teig auf ein gefettetes Tortenblech ausrollen und backen.
Auf den erkalteten Boden die Konfitüre streichen und die längs halbierten Bananen darauf legen. Mit Zitronensaft bespritzen. Aus Orangensaft, Zucker und Tortenguss einen stabilen Guss herstellen und über die Torte streichen. Mit Sahne garnieren.

Backzeit: 15-20 Minuten
Hitze: 180-200 °C, untere Schiene

Schnelle Sonntagstorte, die auch ohne Sahne sehr lecker ist.

Gebäck nach Großmutters Rezepten

Apfeltaler
(18-20 Stück)

1 Ei, 100 g Zucker
100 g Margarine
200 g Mehl
1/2 Päckchen Backpulver
3 EL Milch
200 g Apfelwürfel
1 Päckchen Vanillezucker
1/2 TL Zimt, 1 EL Rum

Ei, Zucker und weiche Margarine verrühren. Mehl mit Backpulver vermischt unterrühren und die Milch zugeben. Geschälte Äpfel in kleine Würfel schneiden, mit Vanille, Zimt und Rum vermischen und unter den Teig rühren. Mit einem Esslöffel 18-20 Häufchen auf ein gefettetes Blech geben und schön braun backen.
Vor dem Verzehr dünn mit Staubzucker bestäuben.

Backzeit: 25-30 Minuten
Hitze: 180-200 °C

Ein bekanntes thüringisches Schnellgebäck in der Apfelzeit, das ganz frisch am besten schmeckt.

Erdbeerrolle

Teig:
2 Eier, trennen
50 g Zucker
50 g Mehl
20 g Speisestärke
1 gestrichener TL Backpulver

Füllung:
300 g Erdbeeren (frisch oder gefrostet)
75 ml Wasser
2 EL Zitronensaft
3 gehäufte EL Zucker
100 g Butter
1 gehäufter EL Staubzucker
25 g Hartfett
1 Päckchen Erdbeerpuddingpulver

Eiweiß mit Zucker steif schlagen. Eigelb unterheben. Mehl, Speisestärke und Backpulver ebenfalls langsam unterheben. Gefettetes Backpapier auf ein Kuchenblech legen und dieses als Rand bis zu $3/4$ des Backbleches umknicken. Teig so aufstreichen, dass das Blech nur zu drei Vierteln bedeckt ist. Backen. Danach das Papier sofort abziehen und die helle Teigplatte von der Längsseite her zusammenrollen und beiseite stellen.
Die Erdbeeren zerschneiden, in Zucker und Zitronensaft über Nacht stehen lassen. Danach kochen und den mit Wasser angerührten Pudding einrühren und alles dick kochen. Butter mit Staubzucker cremig schlagen und die handwarme Erdbeermasse löffelweise unterschlagen. Heißes Hartfett flott unterschlagen. Die Teigrolle aufwickeln und die Creme auftragen. Wieder zusammenrollen und in den Kühlschrank stellen. Vor dem Verzehr mit Staubzucker bestäuben.

Backzeit: 6-7 Minuten
Hitze: 250 °C

Ein erfrischendes Gebäck, das kühl gestellt lange frisch bleibt.

Tipp: Statt der Cremefüllung Sahne steif schlagen, mit Erdbeerstückchen vermischen und die Teigrolle damit füllen. Mit dieser Füllung muss die Rolle aber sofort verzehrt werden!

*Im Foto:
Weinbrand-Karamel-Röllchen,
Erdbeerrolle*

Punschschnitten

Teig:
4 Eier
200 g Zucker
175 g Mehl
50 g Speisestärke
1 leicht gehäufter TL Backpulver
Belag:
400 ml Milch
1 Päckchen Vanillepuddingpulver
150 g Margarine oder Butter
2 EL rote Marmelade
1 EL Kakao
1/4 TL Salz
1 EL Zitronensaft
5 EL Rum
(1/2 zerkrümelte Teigplatte)
50 g Walnusskerne
50 g Bitterschokolade
1 EL Marmelade
Guss:
100 g Bitterkuvertüre
50 g Butter, 2 EL Rum

Eier mit Zucker dickcremig schlagen. Mehl, Speisestärke und Backpulver unterheben und auf Papier backen. Erkaltet die Teigplatte in der Blechmitte durchschneiden.

Aus Milch und Puddingpulver einen Vanillepudding kochen und handwarm unter die cremig geschlagene Margarine schlagen. Marmelade, Kakao, Salz, Zitronensaft, Rum und evtl. einige Tropfen Rumaroma unterschlagen. Nun die eine Teighälfte zerkrümeln und unter die Creme rühren, evtl. mit den Händen etwas zerdrücken. Walnüsse und kleingeschnittene Schokolade unterrühren. Die andere Teighälfte dünn mit Marmelade bestreichen und die Punschmasse auftragen, mit der Hand etwas breit drücken.
Mit Schokoguss überziehen. Für den Guss die Kuvertüre im warmen Butter-Rum-Gemisch langsam schmelzen. Die fertige Kuchenplatte in beliebig große Stücke schneiden.

Backzeit: 15 Minuten
Hitze: 200 °C

Punschschnitten sind ein aromatisches praktisches Gebäck, weil es sich schon 1 Woche vor dem Fest zubereiten läßt. Aber bitte unzerschnitten lagern.

Weinbrand-Karamel-Röllchen

4 Eier, trennen
80 g Zucker
80 g Mehl
1 EL Kakao
1 gestrichener TL Backpulver
Creme:
75 g Zucker
1/4 l Milch
1 Päckchen Vanillepuddingpulver
6 EL Weinbrand
25 g Hartfett
125 g Butter
100 g Aprikosenkonfitüre
1 EL Weinbrand
70 g Vollmilchkuvertüre
25 g Hartfett
1-2 Päckchen Schokostreusel

Eiweiß mit Zucker steif schlagen. Verrührtes Eigelb langsam unterheben. Mehl mit Backpulver und Kakao darüber sieben, langsam unterheben. Auf gut gefettetem Papier ganz schnell backen. Papier sofort nach dem Backen abziehen und die Teigplatte in der Mitte durchschneiden. Sofort zu zwei kleinen Rollen wickeln.
Zucker in einem Topf bei mittlerer Hitze unter ständigem Rühren goldbraun, nicht zu dunkel, karamelisieren. Mit 200 ml Milch langsam loskochen. In der übrigen Milch das Puddingpulver anrühren und in die Zuckerlösung geben, kochen. Hartfett und Weinbrand in den heißen Pudding rühren. Butter cremig schlagen und den handwarmen Pudding unterschlagen. Creme auf die kalten, wieder auseinander gerollten Teigplatten streichen und wieder einrollen. Mit Weinbrand erhitzte Konfitüre auf die Rollen pinseln. Die mit Hartfett und Öl vorsichtig zerlassene Kuvertüre auf die angetrocknete Konfitüre pinseln, in Schokostreuseln wälzen.

Backzeit: 5-8 Minuten
Hitze: 225-250 °C

Geschmacklich und optisch ganz hervorragendes Kleingebäck, das kühl gelagert lange frisch bleibt.

Zitronentörtchen
(für 16-18 Stück)

Teig:
1 Ei
75 g Margarine
1 TL abgeriebene Zitronenschale
75 g Staubzucker
200-225 g Mehl
1 TL Backpulver

Belag:
1 Eiweiß
1 gehäufter EL Zucker
50 ml Zitronensaft
1 TL abgeriebene Zitronenschale
100 ml Wasser
1 Eigelb
1 Päckchen Vanillesoßenpulver
2 gehäufte EL Zucker
1 TL Butter
200 g Schlagsahne
1 Päckchen Sahnesteif
2 Päckchen Vanillezucker

Ei, Margarine, Zitronenschale und Staubzucker verrühren und das Mehl mit Backpulver vermischt unterkneten. Den Teig nicht zu dünn ausrollen. Plätzchen von 6 cm Ø ausstechen und auf einem gefetteten Backblech goldgelb backen.

Eiweiß mit Zucker steif schlagen. Alle anderen Zutaten in einen Topf geben, mit dem Schneebesen untereinander schlagen und aufkochen. Zwei Drittel vom geschlagenen Eiweiß unterrühren und nochmals aufkochen lassen. Den restlichen Eischnee in die heiße Masse rühren und mit einem Teelöffel auf die Unterseite der Plätzchen kleine Häufchen setzen, dabei den Rand etwas frei lassen. Auf den Rand ringsherum geschlagene Sahne spritzen.

Backzeit: 15-18 Minuten
Hitze: 180-200 °C

Leichtes, erfrischendes Kaffeegebäck.

Tipp: Plätzchen auf Vorrat backen und in einer Blechdose bis zur Verfeinerung aufbewahren.

Cremeschnitten

Teig:
300 g Mehl
1 gut gehäufter EL Hirschhornsalz
100 g weiche Butter
8-10 EL heißes Wasser
2 gehäufte EL Zucker
Guss:
1 EL rote Marmelade
125 g Staubzucker
2-3 EL heißes Wasser
Füllung:
3/4 l Milch, 3 gehäufte EL Zucker
2 Päckchen Vanillepuddingpulver
25 g Butter

Mehl mit Hirschhornsalz vermischen und mit Butterflöckchen und Wasser zu einem Teig kneten. Den Teig in halber Blechgröße ausrollen, Zucker darüber streuen, nun zu voller Blechgröße ausrollen. Auf ein gut gefettetes Backblech legen und hellbraun backen.
Die heiße Teigplatte teilen. Auf eine Seite heiße Marmelade pinseln und den aus Staubzucker und Wasser zubereiteten, nicht zu flüssigen Guss darüber streichen. Die so glasierte Teigplatte gleich in Stücke schneiden

Aus Milch, Zucker und Puddingpulver einen straffen Pudding kochen, die Butter hineinrühren und bis zum fast Erkalten ab und zu rühren.
Den lauwarmen Pudding auf die zweite Teigplatte streichen und die glasierten Stücke gleich darüber legen. In den Kühlschrank stellen und vor Verzehr schneiden.

Backzeit: 15-20 Minuten
Hitze: 200 °C

Sparsam im Butterverbrauch waren das die Cremeschnitten, wie sie unsere Großmütter bereiteten. Der stabile Teig ermöglicht tagelange Haltbarkeit. Sehr empfehlenswertes Gebäck.

Halbkalter – mit Quark oder Marmelade gefüllt
(ergibt 18-20 Stück)

Teig:
250 g Mehl
125 g Margarine, 125 g Butter
2 EL Rum
1 EL saure Sahne oder 20 g Schmand
1 TL Zucker
1 kleines Ei

Füllung:
250 g Magerquark, 2-3 EL Zucker,
1 EL Öl, 1 Päckchen Vanillezucker
Zitronensaft und -schale nach Geschmack
Guss:
150 g Staubzucker
1-2 EL heißes Wasser

Alle Teigzutaten in eine Schüssel geben und mit kleinen kalten Butterflöckchen zu einem Teig verkneten. Über Nacht kühl stellen. Den Teig zu einem Rechteck ausrollen, dreifach zusammenlegen und wieder zum Rechteck ausrollen (nicht zu dick). Nun in 18-20 Quadrate von 12 x 12 cm schneiden.

Für die Quarkfüllung den Quark mit allen Zutaten verrühren. In die Mitte jedes Teigquadrates 1 EL Quark geben. Die vier Ecken zur Mitte hin über den Quark legen (wie einen Briefumschlag). Goldgelb backen. Noch heiß mit Zuckerguss bestreichen. Dafür den Staubzucker mit heißem Wasser verrühren. Statt Quark kann man einen Löffel Marmelade in die Mitte geben.

Backzeit: 20 Minuten
Hitze: 200 °C

»Halbkalter« ist ein ganz zarter Blitzblätterteig aus uralten Zeiten. Der Teig wurde nicht zu dünn ausgerollt und in breite Streifen (ca. 8 x 4 cm) geschnitten. Auf jeden Streifen wurden 4-5 große Streusel gesetzt, dann bei 200 °C 10 bis 15 Minuten gebacken. Mit Staubzucker besiebt wurden sie in einen Topf geschichtet und für unangemeldete Besucher aufgehoben. Kamen plötzlich Gäste, hatte man immer etwas anzubieten.

Heute findet man den »Halbkalten« in dieser Form schon wieder zwischen modernem Gebäck auf der Festtagstafel. Mit Quark gefüllt schmeckt er in den ersten zwei Tagen am besten.

Die Rezeptur schien auch in Thüringen fast ein Geheimtipp zu sein. Deshalb bin ich sehr glücklich, das Rezept nach langem Suchen bei einer Bekannten ganz unvermutet entdeckt zu haben.

Alles um die Weihnachtszeit

Teufelsküsse (oder Schokobällchen)
(40 Stück)

100 g Margarine
50 g Staubzucker,
1 Eigelb, 50 g Mehl
100 g Speisestärke
1 gehäufter EL Kakao
2 EL Staubzucker

Margarine, Staubzucker und Eigelb verrühren. Kakao, Mehl und Stärke nach und nach unterrühren. Walnussgroße Kugeln formen und auf einem gefetteten, bemehlten Blech backen. Die Kugeln noch heiß in Staubzucker wälzen.

Backzeit: 15 Minuten
Hitze: 180-200 °C

Im Foto (von links):
Sirup-Pfefferkuchen, Teeblätter,
Mondbissen, Pfarrerskäppchen,
Teufelsküsse,
Adventskranz (oben)

Weihnachtstorte

170 g Margarine
200 g Zucker, 6 EL Milch
2 EL Kakao, 150 g Mehl
1 TL Backpulver
2 Eier, trennen
2 TL Pfefferkuchengewürz

Margarine, Zucker, Milch und Kakao ca. 4 Minuten kochen. Etwas abgekühlt Mehl vermischt mit Backpulver unterrühren. Das Eigelb flott unterrühren. Den steifgeschlagenen Eischnee zugeben und gut verrühren. In eine Springform (20-24 cm Ø) füllen und backen. Erkaltet mit Staubzucker besieben.

Backzeit: 50-60 Minuten
Hitze: 180 °C

Ein saftiges, besonders feines Schokogebäck, zu dem man gern mit Rum verrührte Schlagsahne reicht.

Sirup-Pfefferkuchen
(50 Stück)

250 g Mehl
100 g Zucker
75 g Margarine
1 Ei
2 TL Zitronenschale
1 EL gehacktes Orangeat
1 TL Pfefferkuchengewürz
1 TL Zimt
1/2 Päckchen Backpulver
1 EL gehackte Walnüsse
200 g Sirup
50 Oblaten von 5 cm Ø
oder 25-30 große Oblaten

Mehl in eine Schüssel sieben, alle Zutaten und Gewürze zugeben und mit dem erwärmten etwas abgekühlten Sirup vermischen. Mit einem Teelöffel kleine Häufchen, zur Mitte hin etwas dicker, auf die Oblaten auftragen. Nicht zu stark backen.

Backzeit: 12-15 Minuten
Hitze: 180 °C

Saftig-würzige Pfefferkuchen, die erkaltet mit einer Schokoglasur bepinselt werden können.

Adventskranz
(20-24 cm Kranzkuchenform)

175 g Margarine, 175 g Zucker
4 Eier, trennen
100 g Mehl
3/4 Päckchen Backpulver
200 g gemahlene Nüsse
100 g Bitterschokolade
2 EL Rum, 1 TL Zimt
2 TL abgeriebene Zitronenschale
1 TL Pfefferkuchengewürz
1 EL Staubzucker

Margarine, Zucker und Eigelb dickcremig schlagen. Mehl, Backpulver und Gewürze unterschlagen. Nüsse und die kleingeschnittene Schokolade zugeben. Den Rum unterrühren. Die Hälfte vom steifgeschlagenen Eiweiß unterrühren und den Rest unterheben.
Den Teig in einer gut gefetteten, mit Grieß ausgestreuten Kranzkuchenform verteilen und backen. Erkaltet den Adventskranz mit Staubzucker besieben.

Backzeit: 50-60 Minuten
Hitze: 180 °C

Ein ganz feines Vorweihnachtsgebäck.

Pfarrerskäppchen
(55-60 Stück)

185 g Mehl, 75 g Zucker
120 g Margarine, 1 kleines Eigelb,
1 EL Rum, 1/2 Glas Marmelade
Staubzucker

Alle Zutaten bis auf Marmelade und Staubzucker mit zwei Drittel Mehl mit einem Messer untereinander hacken, dann mit dem restlichen Mehl verkneten und kühl stellen.
Kurz durchkneten und ca. 3 mm dick ausrollen. Runde Plätzchen von 5 cm ausstechen. In die Mitte einen Klecks feste Marmelade geben. An drei Stellen mit zwei Fingern so zusammendrücken, dass ein Käppchen entsteht. Backen. Noch heiß mit Staubzucker besieben.

Backzeit: 15-20 Minuten
Hitze: 180 °C

Tipp: Wird Mürbeteig zu derb und zu lange mit warmen Händen geknetet, tritt das Fett heraus und der Teig bröckelt. Deshalb mit einem Messer die Zutaten untereinander hacken und nur leicht kneten.

Mondbissen
(50 Stück)

75 g Zucker
125 g Margarine
1 EL Wasser
1 Eigelb
175 g Mehl
100 g gemahlene Mandeln
1/2 Glas rote Marmelade
50 g Kuvertüre
1-2 EL Silberstreusel

Zucker, Margarine, Wasser und Eigelb verrühren. Mehl und Mandeln unterkneten. Teig ausrollen, Halbmonde ausstechen, kalt stellen, dann backen. Die Unterseite der erkalteten Halbmonde mit Marmelade bestreichen und mit einem zweiten Halbmond bedecken. Kuvertüre im Wasserbad langsam schmelzen und die Oberseite der Plätzchen damit bestreichen. Gleich die Silberstreusel darüber streuen, bevor die Glasur fest wird.

Backzeit: 10-12 Minuten
Hitze: 190 °C

Teeblätter
(40 Stück)

100 g Mehl
65 g Butter
1 Päckchen Vanillezucker
2 TL Rum
1 EL Eiweiß
2 EL Hagelzucker

Alle Zutaten rasch zu einem Teig verkneten und kühl, aber nicht zu kalt, stellen. Nicht zu dünn ausrollen und Blätter oder andere Formen ausstechen. Mit Eiweiß bepinseln und in Hagelzucker drücken. Auf gefettetem und bemehlten Blech nicht zu dunkel backen.

Backzeit: 10-15 Minuten
Hitze: 200 °C

Pfefferkuchen − »die Guten«
(30 Stück)

75 g Honig
100 g Zucker
1 EL Marmelade
75 g Margarine
1 EL Kakao
1 leicht gehäufter EL Pfefferkuchengewürz
50 g Zitronat
2 EL gemahlene Nüsse
2 EL Milch
1 TL Hirschhornsalz
1 Ei
250 g Mehl
1 TL Backpulver
28-30 große runde Oblaten
200 g Vollmilchkuvertüre

Honig, Zucker, Marmelade und Margarine langsam schmelzen. Kakao, Pfefferkuchengewürz, Zitronat, Nüsse und das in Milch aufgelöste Hirschhornsalz zugeben. Ei unterrühren. Mit Mehl-Backpulver-Gemisch die weiche Masse etwas durchkneten. Nicht zu dünn auf die Oblaten verteilen. Backen, aber nicht zu lange. Damit die Pfefferkuchen schön saftig bleiben, dürfen sie nicht zu braun sein. Die erkalteten Pfefferkuchen dünn mit geschmolzener Kuvertüre bepinseln.

Backzeit: 10-15 Minuten
Hitze: 180-190 °C

Ein uraltes Rezept von meiner Freundin Edelgard. Sie nennt diese Pfefferkuchen immer »die Guten«.

Rezeptverzeichnis

Adventskranz 93
Ananaskuchen 60
Apfelkuchen – bäuerliche Art 37
Apfelkuchen mit Streuseln 62
Apfelkuchen »Schwarzer Heinrich« 46
Apfelmus 42
Apfelmuskuchen mit Baiserdecke 64
Apfelmuskuchen mit rotem Guss 42
Apfel-Orangen-Kuchen 47
Apfel-Orangen-Torte 74
Apfeltaler 80
Apfeltorte 76
Aprikosenkuchen 53
Aprikosen-Mohnbiskuit-Kuchen 61
Aprikosen-Quark-Torte 71
Aprikosentorte 74

Backblech-Kartoffeln 17
Bananentorte 79
Bauernkuchen 52
Bierkutscherpfanne 18
Broccoli-Nudelpfanne 34
Broccolirolle 16

Chicorèe-Salat mit Honig 11
Cremeschnitten 88

Endiviensalat 7
Erdbeerkuchen 46
Erdbeerrolle 82

Fasan nach Försterinnenart 32
Försterinnenkuchen 56

Halbkalter 88
Hähnchenpfanne 20

Hefeteig für 2 Kuchen, schneller 36
Herings-Kartoffelsalat 11
Himbeerkuchen 51

Jägersuppe, feine 24
Jägertorte 75

Käsesalat, bunter 7
Katerfrühstück 8
Katzegeschrei 29
Klöße, Thüringer 30
Kräuterbällchen 12
Kräuterfleisch 22
Kräuterrolle 14
Krautrippen 17

Lachseier 12
Lendchenpfanne 23

Mandelkuchen, gefüllter 57
Makkaroni unter der Haube 34
Mephistokuchen 54
Mokkakuchen 66
Mondbissen 94

Party-Püree 18
Partysalat, schneller 12
Pfarrerskäppchen 93
Pfefferkuchen »Die Guten« 95
Pfirsichkuchen 65
Pfirsichtorte »Margit« 76
Pilzeier 33
Pilz-Gemüsetopf 26
Pilzgeschnetzeltes 28
Pilzgulasch 28
Pilzröllchen in Rotweinsoße 29
Pilzsauerbraten 30
Punschschnitten 84
Putensalat mit Ananas 6
Putenschnitzel mit Steinpilzfüllung 23

Quark-Mandarinen-Kuchen 38
Radieschensalat 10
Regentenkuchen 63
Rhabarbertorte 70
Rokokokuchen 58
Rotkrautsalat 7
Rotweinbrätel 20
Rühreisalat 8

Sahne-Mandel-Kuchen 40
Sauerkirschkuchen 50
Schichtgericht 32
Schinkenröllchen 16
Schmetterlingskuchen 48
Schneewittchentorte 78
Schwammbraten 26
Sirupkuchen 40
Sirup-Pfefferkuchen 92
Stachelbeer-Krokant-Kuchen 44
Stachelbeertorte 68
Streuselkuchen mit fruchtiger Füllung 45

Teeblätter 94
Teufelsküsse 90

Wattekuchen 67
Weinbrand-Karamel-Röllchen 85
Weihnachtstorte 92
Weintraubenkuchen 50
Weintraubentorte 72
Würstelsalat, pikanter 10
Wurstsalat, bunter 10

Zitronenkuchen 41
Zitronentörtchen 86
Zwiebelfleisch 22
Zwiebelpilze 33